沖縄〈泡沫候補〉バトルロイヤル

宮原ジェフリー

ボーダー新書
018

まえがき

趣味を聞かれて「選挙です」とこたえるとき、少なからず緊張する。そもそもそんな趣味のカテゴリーは一般的に知られていないし、政治や選挙は「マジメなもの」というのが多くの人の認識だからだ。

当然、政治や選挙の場ではさまざまな立場の人々が、それぞれの人生をかけて取り組んでいる。それ野次馬な楽しみ方をするのは趣味が悪い、と思う気持ちももっともだ。

ただ一方で、政治や選挙が持つ「マジメ」なイメージが、とっつきにくさを強固なものにしているのも確かではないだろうか。

「あまりよく知らないから政治については発言しちゃいけない気がする」「選挙の話をするとカドが立つからあんまり大っぴらに話したくない」というのが多くの無党派の人々の一般的な意見だろう。「お酒の席で政治と宗教と野球の話はしてはいけない」という処世術もよく聞く。しかし、宗教や野球はともかく、社会に生きる私たちは、誰しも政治から逃れることはできない。子育て世帯なら待機児童の問題、高齢世帯なら社会福祉制度、経営者なら金融政策、非正規雇用従事者なら労働法制、といったように、さまざまなかたちで生活に政治が関わってくる。

そもそも、この国、日本において、その主権者は「国民」であると定められているので、第一義的にこの社会のあり方に責任を持っているのは他の誰でもなく、私たち自身であって、どこか遠い世界の偉い人ではない（もちろん、「国民」の定義から排除されてきた人々の存在については別途議論するとして）。その主権者としての権限を特定の人に委託するのが代議制民主主義であり、それを支えるのが選挙というシステムであるはずだ。

◆◆◆

しかし、その選挙の投票率の低さが指摘されて久しい。例えば二〇一七年に行われた衆議院議員選挙では全国の投票率は53・7％（沖縄県に限っても56・3％）と実に半数近い有権者たちが投票に行っていない。言い換えると、この国の主権者の半分近くが自身の代弁者を選んでいないのだ。

そこで、政治に関心を持ち、主権者としての責任を考えるきっかけとして、選挙にまつわるオモシロ話をインターネットで執筆してきた。東京を拠点としながらも、日本全国各地のどこかで、新盆と年末年始、ゴールデンウィークを除いてほとんど毎週行われている選挙をチェックし、場合によっては現地に出向きながら取材を続けている。

オモシロ話といっても政治家の不倫話や号泣会見のようなゴシップではなく、選挙という制度の中で駆け回る人々の悲喜こもごもにスポットライトを当てて、新聞やテレビでは扱えない情報を紹介している。

◆◆◆

本書で主に扱う二〇一八年の沖縄県知事選挙は沖縄県のみならず、今後の日本全体の政治を左右する非常に重要な選挙であったことに議論の余地はないだろう。そんなシリアスな選挙運動のさなかに、東京からやってきた野次馬がうろうろすることに対する反発もきっとあるはずだ。しかし、そんな重要な選挙でも投票率は63・24％。一一五万有権者のうち四二万人が投票に行かない、という選択をした。それぞれが熟考した末に棄権という選択肢をとることは、必ずしも悪いことだと私は思わないが、多くの棄権者はそもそも政治を身近に感じることができなかったり、政治を考えることを避けていたりする人がかなりの割合を占めているのではないだろうか。

「趣味としての選挙」をひとに説明するとき、私はよくサッカーワールドカップの例えを使う。サッカーワールドカップが近づいて来た頃に日本で「どこのチームを応援しますか?」と質問すると、多くの人が「日本代表」とこたえると思う。一方で「どこのチームが優勝すると思いますか?」と質問すると、ブラジル、ドイツ、オランダ、アルゼンチン、といった強豪国の名前が出てきて、日本代表の名前を挙げる人は極端に少なくなるのではないだろうか。要するに、心情的に応援したいかどうかと、それぞれの戦力を勘案した時の現実的な予想とを切り離して考えているのだ。

「趣味としての選挙」も同様で、それぞれの思想信条から応援したい候補者、政党の存在とは別に、各陣営の持っている組織票や選挙のノウハウ、人気の度合いなどを分析しながらスポーツ観戦的に選挙を楽しむことができる。

政治に興味が持てなくても、辺野古新基地建設の是非に考えが及ばなくても、まずは選挙を楽しんでみるところから、スタートしてみるのも良いのではないだろうか。

◆　◆　◆

本書では二〇一八年沖縄県知事選挙を主軸としながら、特に「オモシロ話」としての〈泡沫候補〉について取り上げる。主要メディアでは大きく扱われることのなかった渡口初美《とぐちはつみ》、兼島俊《かねしましゅん》両候補にもスポットを当てた、沖縄の選挙におけるアナザーストーリーを紹介したい。

またこの選挙では、現職・翁長雄志《おながたけし》知事の急逝に伴う前倒し実施という急な展開であった。それゆえ各所で「準備が間に合っていない」という声が多く聞かれた。それは候補者擁立ができていなかった県内の各政治勢力や、ポスター掲示板の設置を急いだ各役場の選挙管理委員会、そして私のように取材をする立場も同様だった。長く沖縄の選挙を取材してきたものの、東京都内でフルタイムの仕事をしながら取材旅行に行くのは時間的にも経済的にも負担が大きかった。

そこで、クラウドファンディングを利用して県知事選挙の取材資金を調達し、九月前半の沖縄統一地方選挙と後半の沖縄県知事選挙・宜野湾市長選挙の取材を敢行することができた。ご支援いただいた多くの方々に感謝したい。

目次

沖縄〈泡沫候補〉バトルロイヤル

第一章　沖縄の選挙と「泡沫候補」

沖縄選挙の基本構図と変化

沖縄の政治は長きにわたって自民党を中心とした「保守」と、日本共産党、社会民主党、地域政党である沖縄社会大衆党の三党を軸とした「革新」の二大勢力がしのぎを削ってきたが、近年の大きな変化と言えるのがいわゆる「オール沖縄」の誕生である。

二〇一三年に任期満了を控えた当時の仲井《なかい》真《ま》弘多《ひろかず》知事が、辺野古新基地建設のための埋め立て承認したことについて保守の側からも疑問の声が上がり、自民党沖縄県連の幹事長まで務めた那覇市長の翁長雄志が革新陣営からも支援を得ることになったのが、「オール沖縄」体制だ。翁長が二〇一四年の沖縄県知事選挙を闘って以来、市長選挙のレベルでも「自公」対「オール沖縄」という構図が一般的になってきた。

こういった「保守」「革新」「自公」「オール沖縄」といった十分な資金力や集票力を持つ枠組みの外から選挙に立候補する人物もいる。

それとは別に都道府県知事選挙にはこれまで青島幸男《あおしまゆきお》（東京都）や横山《よこやま》ノック（大阪府）、田中康夫《たなかやすお》（長野県）、東国原英夫《ひがしこくばるひでお》（宮崎県）、橋下徹《はしもととおる》（大阪府）といった個人の持つ圧倒的な地名度を武器に選挙を制するパターンも見受けられる。

しかし、組織も知名度もないものの、政治を変えたい、という熱い思いで、自己資金を叩いて、時には借金をして立候補する候補者も一定数存在している。こういった候補者は長く「泡沫候補」と呼ばれて、時に蔑まれ、多くの場合無視されてきた。奇抜な格好やパフォーマンス、常識はずれともいえる選挙活動を繰り広げて知名度は高いがそれが票数に反映されることはほとんどない。政見放送*のたびに宇宙人やチアリーダーなどのコスプレで現れるマック赤坂《あかさか》が代表例としてわかりやすいだろうか。

立候補の動機やパフォーマンスをする理由はさまざまだが、実はマック赤坂も初めて国政選挙に立候補した際には、背広を着て冗談も言わずに真面目に政見放送に臨んでいたが、練り上げた政策をどれだけ懸命に訴えてもメディアが取り上げてくれないことへの対抗手段として、少しでも注目を集められるようにコスプレをして踊ることを思いついたのだと

政見放送　テレビ、ラジオを使った政見放送を無所属の候補ができるのは、知事選挙と参院選挙だけである。衆院選挙では政党ごとに割り振られるので無所属候補に機会は与えられない。

いう。

「泡沫候補」への新しい視線

　実際には当落に関わることはほとんどなく、新聞・テレビでもほとんど取り上げられることがないまま、あぶくのように消え去ってゆく人たちではあるが、誰に頼まれるわけでもなく高額の供託金を支払い、長い時間を選挙運動に費やしてまで自らの政策を訴えるために選挙に立候補する方々は、民主主義社会に新しい選択肢を与えてくれている存在と捉えることもできる。

　そういった方々に対して、「泡沫候補」という敬意を欠いた呼び方ではなく、別の言い方に換える取り組みも近年進んでいる。例えば、お笑い劇団、大川興業総裁の大川豊《おおかわゆたか》氏は長くこういった方々を取材しており、自身の著書で「インディーズ候補」と命名している。大政党のバックアップがある「メジャー候補」に対する、ポピュラーミュージックに倣った言い方だ。また、ライターの畠山理仁《はたけやまみちよし》氏は著書『黙殺』の中で彼らを「無頼系独立候補」と呼んでその活動を紹介した。

ドキュメンタリー映画でも想田和弘《そうだかずひろ》監督作品で、全く無名の山内和彦《やまうちかずひこ》が自民党公認で市議会議員に立候補し、当選するまでを追った『選挙』（二〇〇七年）と自民党を離党して無所属で「反原発」を訴えて立候補した選挙を追った『選挙2』（二〇一三年）や、マック赤坂の選挙運動を記録した『立候補』（二〇一三年、藤岡利充《ふじおかとしみつ》監督）、中国から日本に帰化して新宿区議会議員選挙に立候補した歌舞伎町案内人、李小牧《りこまき》を追った『選挙に出たい』（二〇一六年、邢菲《けいひ》監督）等が話題となった。さらに、近年はインターネットを通じて候補者本人が発信できる環境が普及したため、こうした候補者と有権者の距離感は近づいていると言える。

なお、本書で一般の読者の方々にもイメージがつきやすいよう、カギカッコ付きの「泡沫候補」という呼び方で統一する。

唯一神・又吉イエス

では、沖縄にはどんな「泡沫候補」がいたのだろうか。近年の選挙を彩った方々を紹介しながら、それぞれの選挙について振り返ってみよう。

沖縄を代表する「泡沫候補」の一人が又吉《またよし》イエスである。又吉イエス（本名：又吉光《またよしみつ》雄《お》）は「唯一神」を自称し、イエス・キリストの再臨であることを主張。「ヨハネの黙示録」で預言した千年王国にあたる「世界経済共同体」を実現させることを目標に、自身が代表を務める政治団体、世界経済共同体党から複数の選挙に立候補し続けた。

最初の立候補は一九九七年、宜野湾市長選挙。三期一二年務めた革新系の桃原正賢《とうばるせいけん》の引退を受け、その後継となる比嘉盛光《ひがせいこう》と、自民党が推薦する前川朝平《まえかわちょうへい》の一騎打ちの構図かに見えたが、そこに又吉も勝負を挑んだ。

当時の沖縄は、一九九五年の米兵による小学生レイプ事件を受けて大規模な抗議集会が開かれるなど在沖米軍基地に対する反感が高まっていた。選挙の前年である九六年に橋本《はしもと》龍太郎《りゅうたろう》首相とモンデール駐日アメリカ大使の間で、普天間飛行場を返還することで合意がはかられ、同時に「移設条件付き返還」が取りざたされるようになった。

その後、普天間飛行場を抱える宜野湾市で行われた初めての宜野湾市長選挙ということもあり、無条件での返還を訴えた革新系の比嘉が、県内移設を容認する保守系の前川に圧倒的な票差で勝利した。保守側の人選が遅れ、選挙で出遅れたのも敗因の一つであると言われている。

この時、又吉も同じく普天間飛行場の県外移設を訴えているが、比嘉・前川の「事実上の一騎打ち」にはじかれ、議論の俎上にあげられた形跡はない。

又吉は翌九八年には参院選挙、県知事選挙と立て続けに立候補。やはりいずれも保革の対立構図の中で最下位に沈んだ。

次に立候補した二〇〇一年の宜野湾市長選挙では、各種メディアは又吉の存在を無視できなくなってしまう事態となった。立候補者が又吉と九七年に当選した現職の比嘉の二名だけだったからだ。

選挙は基本的に、選ぶ人数（定数）より多い人数が立候補しなければ投票は行われず無投票で首長が決定する。この選挙でも、保守陣営側が候補者を立てなかったため、なにもなければ無投票で告示日に比嘉の当選が決まっていたはずだ。

しかし又吉は立候補した。

制度上は相手が自民党推薦だろうが、世界経済共同体党だろうが、投票は行われてしまう。メディアとしては選挙となれば、これまでのように又吉を無視して報道するわけにもいかず、対応に苦慮した様子がうかがわれる。結局地元紙である沖縄タイムスと琉球新報では「事実上の信任投票」として、比嘉の実績、公約を掲げつつ、それと同様に「唯一

又吉イエスの選挙ポスター

神」としての彼の政策を新聞一面に掲載したのだが、選挙期間が参議院議員選挙と重なっていたこともあり、両紙は注目度の低い宜野湾市長選挙については告示日と投開票日当日以外にはほとんど記事を掲載しなかったのだった。（ちなみに知事選挙と同時に行われた二〇一八年の宜野湾市長選挙については両紙とも連日特集を組んで取り上げていた。）

当然ながら又吉イエスは落選に終わったが、この時記録した得票率9％という数字は、彼が生涯に立候補した一七の選挙の中でもダントツで高い数字であった。この時に再選を決めた比嘉盛光は自民党衆議院議員の秘書から違法献金を受け取っていたことが発覚して二〇〇三年に逮捕、辞職に至っている。

その後も又吉イエスは二〇〇二年の名護市長選挙と沖縄県知事選挙に立候補して落選。特に県知事選挙では「この選挙で自分を選ばなければ、沖縄を離れて東京に拠点を移す」と訴え、その後は宣言通り小選挙区では東京1区にあたる新宿区に事務所を構え、二〇一八年にこの世を去るまで参院選挙、衆院選挙に立候補し続けた。

沖縄では選挙の際にごく当たり前に使われる「赤字、丸ゴシック、カタカナ」で表記されたデザインのポスターであるが、見慣れていない東京の有権者には強いインパクトを与えた。さらに独特な語り口と、何より「（対立候補は）腹を切って死ぬべきである」「地獄の火の中に投げ込む」といった過激な口調が話題を集め、又吉は一気に全国的な地名度を獲得していったのだった。

琉球独立、屋良朝助

近年の沖縄の選挙を語る上で欠かせない人物のもう一人に、かりゆしクラブの屋良朝助《やらちょうすけ》がいる。

かりゆしクラブの起源は復帰前にさかのぼる。日米両政府により沖縄返還が本格的に議論されていた一九七〇年に結党した政治団体、琉球独立党を党名変更したのがそれである。琉球の独立を訴えて行政主席選挙などに立候補した経験を持つ野底武彦《のそこたけひこ》や行政主席官房長官を務めた崎間敏勝《さきまびんしょう》らが結党した琉球独立党は、七一年の参院選挙に崎間を立候補させるなど沖縄県内で活発に活動していた。しかし七二年の本土復帰以降勢いを失い、七八年のナナサンマル（交通方法変更）反対運動を最後に活動を停止していた。

活動を再開させるのはナナサンマルから実に二七年たった二〇〇五年のこと。屋良が琉球独立党の党首に就任し、結党メンバーである野底を名誉党首に据えてのことだった。沖縄独立論を訴える県内外での演説やビラ配布などの運動を経て、屋良は二〇〇六年の県知事選挙に立候補したのだった。

　この選挙では現職の稲嶺恵一《いなみねけいいち》が不出馬を決め、革新陣営からは参議院議員を辞職して立候補した糸数慶子《いとかずけいこ》、保守陣営からは沖縄電力の会長などを務めた仲井真弘多が立候補。経済振興を強く訴え、基地問題については発言を控えた仲井真が接戦を制した。屋良は得票率1%に届かなかった。

　翌二〇〇七年に野底が死去すると、屋良は二〇〇八年に党名を「かりゆしクラブ」に変更。同年の県議会議員選挙と那覇市長選挙に立て続けに立候補するも、県議選挙は定数一一に対して一六人が立候補し、屋良は最下位の一六位。得票数六二〇票は無効票の一六一八に大きく水を開けられている。

　那覇市長選挙も、やはり現職で保守系の翁長雄志と革新系で沖縄社会大衆党の県議会議員だった平良《たいら》長政《ながまさ》が挑み、実績と盤石な支持基盤を持つ翁長が圧勝。屋良はやはり「独自の闘い」を強いられ、1%台の得票に終わった。その後、二〇一七年までは那覇市議選挙、市議*補欠選挙に合計四回立候補しているが、いずれも落選（ただし二〇一四年の補欠選挙では供託金返還）。選挙ではほとんどメディアを揺るがすことができていないが、近年そんな屋良に注目が集まる場面が稀に発生している。

二〇一三年に琉球民族独立総合研究学会が設立、二〇一四年に翁長知事が当選するも、辺野古新基地建設について政府当局が沖縄県内の世論にまともに向き合おうとしてこなかったことなどから、「独立」を真面目に検討する動きが出てきたのである。新聞などのメディアでこの独立論を取り上げる際に、選挙の場で「琉球独立」を訴え続けてきた屋良のコメントを掲載する場面が時折見受けられるようになってきたのは、地道な取り組みの成果であると言えるのではないだろうか。（ただし有権者への浸透はまだ弱いようで、市議選挙では下位での落選を繰り返している）

供託金返還　町村議会議員選挙以外は立候補するために「供託金」を支払う必要がある。都道府県知事、衆参の選挙区候補は三〇〇万円、政令市の市長は二四〇万円、それ以外の市区長は一〇〇万円、都道府県議会は六〇万円、政令市議会は五〇万円、それ以外の市区議会は三〇万円。それぞれ一定以上の得票数が得られない場合、全額が没収される。

沖縄における幸福実現党の存在

二〇〇九年に結党した幸福実現党は、その年の衆院選挙で全三〇〇選挙区のうち二八八選挙区に候補者を擁立した。沖縄県の四選挙区にも全て候補者を立てたが、得票率にして2・4%〜0・9%で惨敗。しかし、沖縄県内で幸福実現党に投票された票の数は比例代表一〇〇票あたり0・92票であった。これは徳島県（1・10票）に次ぐ全国二位の数字である。（徳島県は幸福実現党の支持母体である宗教法人「幸福の科学」の総裁、大川隆法《おおかわりゅうほう》の出身地）

また、続く二〇一〇年の参院選挙では比例代表一〇〇票あたり0・80票で全国一位。その後、二〇一七年の衆院選挙まで全国トップ3を守り続けている。

沖縄で幸福実現党の支持が全国平均と比べて高い理由にはさまざまな要因が考えられるが、この間議論になり続けている辺野古新基地建設の是非について、明確に「YES」と言い続けてきたのは幸福実現党だけであることが一番の要因なのではないだろうか。

辺野古新基地建設については沖縄県内の自民党候補も明確に推進する旨の主張は少なくとも選挙では押し出していない。公明党に至っては、中央組織は政府与党として「辺野古が唯一」の立場を貫いているにもかかわらず、沖縄県本部については「県外・国外を目指す」と主張を異にしたままだ。

そうすると、あまり数は多くないにしても、「辺野古に新基地を作るべきである」と主張する有権者の票の一部が幸福実現党に流れていると考えられる。実際に幸福実現党は県内の「親・米軍」、「反・反基地運動家」と行動を共にしている様子が選挙期間中以外でもしばしば見受けられ、インターネット保守言論の動向と合わせて少しずつ支持を広げているようだ。

幸福実現党と沖縄といえばこんなエピソードがある。

二〇一〇年の数ヶ月間、幸福実現党に国会議員が所属していたことがある。大江康弘《おおえやすひろ》がその人だ。

二〇〇六年の参院選挙に民主党の比例代表で再選を果たしたものの、党執行部に反発して二〇〇八年に離党。改革クラブの結党に加わるが、翌年に自民党を離党した舛添要一《ますぞえよういち》が合流した際に改革クラブから新党改革に党名変更することなどに同意できずふたたび離党。その後なぜか幸福実現党に所属することとなった。しかし、同年の沖縄県知事選挙では幸福実現党から立候補した金城竜郎《きんじょうたつろう》ではなく、仲井真弘多の支援に回ったため党と対立し、結局離党することになってしまった。

これについて大江自身は、仲井真を支援すべきだと主張したものの、「天上界の声」として独自候補の擁立が決定されたとインタビューで答えている。

幸福実現党はそれ以来二〇一八年現在まで国政選挙に挑戦し続けているが、国会議員を輩出できていない。

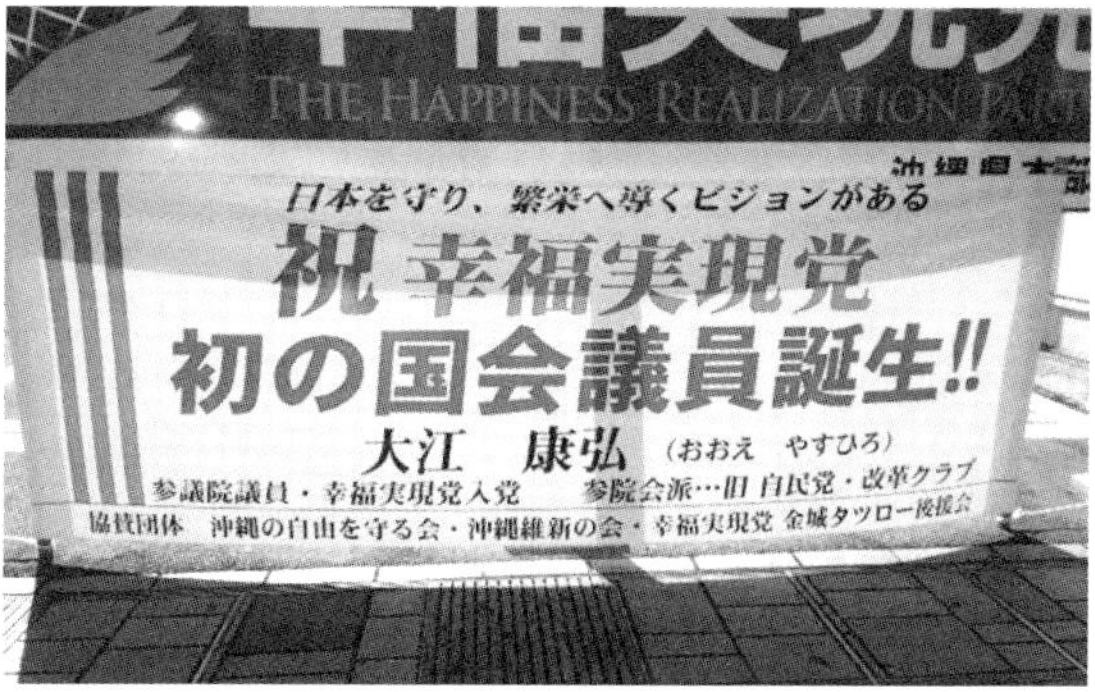

大江康弘の幸福実現党入党を祝う横断幕

第二章　二〇一八年　沖縄県知事選

翁長雄志の急逝と前倒し選挙の衝撃

二〇一八年八月八日、沖縄県庁で開かれた緊急記者会見の模様が速報で全国に伝えられた。謝花喜一郎《じゃはなきいちろう》副知事は、翁長雄志知事が意識混濁状態にあり、副知事が職務代行を務める旨を発表した。それから数時間後、翁長の死去が報じられた。

辺野古新基地建設反対の立場で徹底して政府と闘う姿勢や、自民党沖縄県連幹事長を務めたそつのない政治的手腕を背景に県民から圧倒的な支持を集めていた翁長の突然の訃報は、沖縄県内のみならず国内外から悲しみの声がＳＮＳ等で飛び交った。

その一方、沖縄の政治に直接的に関わっている人々は悲しみにくれたり、翁長の思い出を振り返ったりすることに時間を割いている余裕はなかった。空席となった沖縄県知事の椅子を争う選挙に向けた準備がどの陣営も整っていなかったからだ。

二〇一四年に県知事選挙に初当選した翁長の任期は二〇一八年の一二月まで。本来ならば同年の一一月に選挙が行われる予定だった。同年の四月に受けた人間ドックですい臓がんが見つかり、抗がん剤治療を続けていた翁長は、公務で姿を見せる度にやせ細ってゆき、任期満了に伴う一一月の選挙への立候補は難しい、というのが現実的な見方だった。しかし、翁長自身は二期目の立候補については立場を明確にしなかったため、翁長を応援する立場の県政与党「オール沖縄」陣営は翁長に不出馬を促し、別の候補者を擁立することもできずにいた。

翁長の急逝後、大急ぎで開かれた調整会議の末、謝花副知事、財界人として翁長を支えてきた、金秀グループ会長の呉屋《ごや》守将《もりまさ》、赤嶺《あかみね》昇《のぼる》県議会議員の三者に候補が絞られつつあった。しかし、病床にあった翁長が呉屋と玉城《たまき》デニー衆議院議員を後継者に指名していたことが発表され、状況が一変。呉屋は「(私は)経済界で頑張ることの方が、沖縄のためになる」として固辞。最終的に、玉城デニーが衆議院議員を辞職して県知事選挙に立候補することになった。正式な立候補表明に至ったのは八月二九日、告示の一五日前であった。

一方で、県政野党であり、辺野古新基地建設を推進する立場の政府与党、自民・公明両党も県知事候補の擁立が間に合っていなかった。

そんな中、すでに立候補の動きを見せていたのが県内流通大手、シンバホールディングス株式会社の会長で、日本青年会議所全国組織の会頭に沖縄県出身者として初めて就任したことのある安里《あさと》繁信《しげのぶ》だ。以前から自民党所属の政治家と交流を深め、自身が運営する政治塾に若者を集めてインターネットで発信する、といった取り組みを続けており、今回の選挙では満を持して立候補の用意を進めていた。しかし、自民党沖縄県連に所属する政治家の多くは、政治家・首長としての実績を持つ現職の宜野湾市長である佐喜真淳《さきまあつし》の擁立に傾いた。一時は両者ともに立候補して、保守分裂となる可能性もあったものの、最終的に安里側が譲歩して佐喜真が自公系統一候補として立候補することとなった。

報道されなかったもう二人の候補者

と、ここまでが二〇一八年沖縄県知事選挙における「主要候補」二名が決まるまでの動きだ。しかし、この選挙に立候補した人物はあと二人いた。

八月二八日に立候補を表明した渡口初美《とぐちはつみ》は沖縄ではよく知られた料理研究家で、「渡口初美のあんだんすう」と言えば県内で有名な油みそのブランドである。過去には那覇市議会議員を一期務めた経験を持つ政治経験者で、年齢は八三歳。この選挙では*ベーシックインカムの導入を強く訴えた。

もう一人は四〇歳の兼島俊《かねしましゅん》。東京にあるIT企業の課長であったが選挙のために職を辞し、家族を置いて、沖縄の若者が政治参画しやすくなるシステムを作ることを公約に立候補した。

選挙期間中、玉城、佐喜真両氏の動きについては報道や街頭での活動で見聞きする場面が多かったものの、渡口、兼島両氏については、積極的に彼らが発信していたインターネット上の投稿を見ていた人以外は、街頭の掲示板ポスター*や、新聞で数行、テレビで数秒、

ベーシックインカム　最低限の生活を送るために必要な金額を毎月全員に給付するシステム。生活保護とは異なり、所得制限を設けないのが特徴。世界中で導入が議論されてきたが、本格的な導入に至った国は二〇一八年現在存在していない。渡口は沖縄こそがその実験場としてふさわしい、と主張している。

掲示板ポスター　選挙が近づくと候補者のポスター掲示板が街中に設置される。規模の大きな陣営では、朝に立候補の届け出が済み、自分のポスターを掲出する番号が決まると一斉にメールなどで支援者に伝えられ、昼前には全ての掲示板への掲出が終わる。一方、組織を持たない候補者にとってはポスターの掲出だけでも相当な負担となる。

氏名、年齢、簡単な肩書きを目にしただけだったのではないだろうか。

それもそのはず、選挙期間中に渡口や兼島の取材をまともにしていたのは、私とフリーライターの畠山理仁氏の二人だけで、ほとんどの新聞・テレビなどの既存メディアは渡口、兼島の存在を「黙殺」していた。メディアだけではなく、告示前に立候補者を迎えて行われる公開討論会でも「国政政党からの支援を受ける候補に限る」として排除されたのである。知名度や支援団体の組織量、資金面で圧倒的に不利な闘いを強いられ、メディアにも無視されながら、彼らが訴えたかった政策は何なのか、沖縄をどのように変えかったのか。彼らがこの無謀な闘いにどのように挑んだのかを追うことで見えてきた、二〇一八年沖縄県知事選挙をめぐる「もうひとつの物語」を紹介したい。

立候補表明をしながら立候補しなかった人たち

沖縄県知事選挙は全国的に注目度が高い。それゆえ「泡沫候補」が注目を集めたいだけにこぞって立候補を表明したとか、実際には立候補せず沖縄を去って行った、という批判の声も一部から聞こえてくる。しかしそれは、必ずしも立候補を断念した全ての人々に当てはまるものではない。

立候補を表明しながら届け出をしなかった人物については、私が確認できているだけで五名いる。その一人ひとりを簡単に紹介してゆこう。

一人目はすでに紹介した安里繁信。父親の経営する安信輸送サービス社に入社後、さまざまなかたちで事業を拡大してゆき、物流のみならず美容、広告、中古車販売などさまざまな業態の会社をまとめたシンバホールディングスの代表を務めている。自身の会社以外にも、沖縄観光コンベンションビューローの会長を務めたり、県内の大学生を対象にした「沖縄政経塾」を運営したりするなど、行政、政治分野への関わりを深めてきた。また、政治団体「新しい沖縄を創る会」を立ち上げ、立候補に向けた動きを見せたのは翁長知事の逝去より前の誰よりも早い段階だった。

結局は候補者擁立をめぐる保守陣営内でのパワーゲームに敗れて知事選からは撤退することになったが、この先安里がどのように処遇されるのか、どの選挙に立候補するのかも引き続き注目であろう。

二人目は後藤浩昌《ごとうひろまさ》。これまで新潟を主戦場としていたが、沖縄県知事選に立候補を表明するも届け出をしなかった。二〇一六年に新潟県知事選挙に立候補して落選。二〇一七年の新潟県上越市長選挙は立候補を表明したものの、沖縄県知事選挙と同様に届け出をしなかった。二〇一八年に新潟県五泉市長選挙に立候補して落選。同年に新潟県燕市長選挙も表明のみで届け出しなかった。

新潟を拠点に活動していた人物がなぜ沖縄に?と疑問に思い、情報を探ってゆくとひとつヒントが見つかった。

二〇一六年新潟県知事選挙の選挙公報を見てみると、後藤の公約の中に「普天間基地を佐渡島へ誘致　新潟へのディズニーランドの誘致が条件」とある。また、沖縄県知事選挙の立候補にあたっては「米軍普天間飛行場を含め県内の米軍基地を沖縄から撤去させる。そのためには、独立以外のすべはない」と県外移設より一歩進んだ主張を展開していたが、その後、候補者として現れることはなかった。

三人目は南俊輔《みなみしゅんすけ》。二〇一一年に東京都中野区議会議員選挙に、二〇一八年の杉並区長選挙に立候補していずれも落選。この沖縄県知事選挙には安全保障の問題を中心に訴える予定だったようだが体調不良で届出を断念。面識のない兼島俊にインターネットを通じて、自分の分まで頑張ってほしい旨、メッセージを送っている。

四人目は小野寺通《おのでらとおる》。政治団体「緑のハーモニー調布」の代表として二〇一五年の調布市議会議員選挙、二〇一七年の東京都議会議員選挙に立候補して落選。環境問題に重点をおいた政策を得意としている。

立候補表明の記者会見は開いていないが、ＦａｃｅＢｏｏｋの発信によると、立候補のための手続きを続けていたものの、供託金三〇〇万円の工面がかなわず辞退したようだ。その後は小野寺も参加していたベーシックインカム勉強会が擁立した渡口初美を応援することとなる。

最後に紹介するのが「泡沫候補」界の大物中の大物、山口節生《やまぐちせつお》だ。一九九一年から二一の選挙に立候補して全て落選している。

学歴は一橋大学、東京大学、中央大学を卒業、早稲田大学大学院を修了し、日本大学大学院博士課程を指導認定満期退学という華々しい経歴を持ち、職歴も信託銀行勤務を経て高校教員、不動産鑑定士、会社経営など多岐にわたる。

二〇〇七年の東京都知事選挙に立候補した際には『東西冷戦後又左右のイデオロギーの終えん後、イデオロギーを超えてカントの「永遠平和のために」の反改憲論をよく読み、ヒットラー的自由な解散権の恐怖と核爆弾、徴兵制を目指す改憲を政治的強さの立場から絶対阻止する団体』（略称：カント平和で親ナチ的改憲阻止最高裁訴訟会）という類を見

山口節生が立候補表明した選挙

1991年　佐賀県知事選挙
1993年　衆議院議員選挙
1995年　参議院議員選挙
1995年　東京都知事選挙
1996年　衆議院議員選挙
1996年　埼玉県知事選挙
1997年　東京都議選挙
1998年　衆議院議員補欠選挙
1998年　参議院議員選挙
1999年　埼玉県議選挙
2000年　衆議院議員選挙
2001年　参議院議員選挙
2001年　さいたま市長選挙
2002年　岩槻市長選挙
2003年　衆議院議員選挙
2003年　埼玉県知事選挙
2003年　埼玉県議選挙
2005年　衆議院議員選挙
2005年　さいたま市議補選挙
2007年　東京都知事選挙
2011年　埼玉県議選挙
2011年　埼玉県知事選挙★
2014年　深谷市長選挙
2015年　さいたま市議選挙◎
2016年　東京都知事選挙★
2017年　衆議院議員選挙★
2018年　川口市長選挙★
2018年　新潟県知事選挙★
2018年　沖縄県知事選挙★
2019年　衆議院議員補欠選挙（沖縄3区）

★は実際には立候補せず
◎は実刑確定により立候補取り消し

ない長い名前の政治団体代表として立候補。政見放送では「私が当選した際の勝利宣言演説」を読み上げるという型破りなスタイルで見るものを魅了した。

さらに、二〇一五年のさいたま市議会議員選挙に立候補した際、以前に駐車違反をめぐる供述調書を破いたとして公文書毀棄罪に問われていた件について選挙期間中に実刑判決が確定。立候補が取り消されるという前代未聞の騒動を引き起こしたのだった。

その時期から山口は立候補表明まではするものの、実際に届け出ることをしない、ということを四回繰り返しており、この沖縄県知事選挙でも同様に届け出はしないだろう、というのが選挙マニアの大方の予想であり、実際その通りの動きを見せたのだった。


二〇一八年の沖縄県知事選挙はこうした人々の動きが見え隠れしたこともあり、過去最大の立候補者数になるのではないか、と予想されたが、結果的に「主要候補」とされる大規模な組織が支えた玉城デニーと佐喜真淳の他に立候補できたのは、渡口初美と兼島俊の二人だけだった。立候補者四人は前回の二〇一四年と同数であり、特筆すべきほどではない。

ではその二人はなぜ立候補することができたのだろうか。

それぞれのケースを見てみよう。

渡口初美とベーシックインカム

渡口初美が経営する料理研究所、「まんがん」は那覇市三原の住宅地に位置する。選挙期間中はそこを事務所としているのだが、何度か訪ねてみても不在にしていることが多かった。私が直接渡口に会えたのは、投開票を五日前に控えた九月二五日、同じ候補者である兼島俊とのネット討論会が予定されていた日だった。取材のために会場となっていた渡口事務所につくと、チラシに証紙*を貼っている渡口の姿があった。また、渡口の他に数名の選挙スタッフが一緒に作業をしている。イマドキ風の二〇代男性と、漁師のようなワイルドな風貌の五〇代くらいの男性、奥のキッチンで料理を作っている四〇代くらいの女性

証紙　選挙期間中に配布できるビラは枚数が制限されている。候補者は届け出の際に「証紙」と呼ばれる小さなシールが貼ってあるビラ以外は配布することができない。沖縄県知事選挙では三〇万枚。

など、どういった経緯で集まっているのかよくわからないが、渡口を中心に自然と話ができているのが見て取れる。

渡口にいくつか質問を投げかけてみると、「まずは食べなさい」とソーミンタシヤーを差し出された。選挙の取材者として職業倫理的にここで手をつけていいものか迷ったものの、相手は沖縄を代表する料理研究家だ。その人物が自信を持って差し出しているものに手をつけないのも気が引ける。結局食べて渡口の懐に入ってゆくことにした。

ベーシックインカム政策について渡口にいくつか質問すると、的確かつ自身の言葉でしっかりと返答してくる。消費税を30%にあげた上で、沖縄県民全員に三〇万円の電子マネーを電子端末に送る、というのが渡口の主張するベーシックインカムだ。月末にはリセットされ、電子マネーのまま溜め込むことはできない。こうすることで人々はお金に縛られて仕方なく仕事をすることを辞め、それぞれが本当にやりたいことに時間が使えるようになる。そうすれば基地問題も含めてさまざまな問題が解決するのだ、という。

「電子マネーの送受信はお年寄りにはハードルが高いんじゃないですか?」

「何言ってるの、みんなお金のことになればすぐに飛び付くわよ。まして毎月三〇万円っていう大金よ」

終始こういった調子だが、的外れなことは決して言わない上に、返答に窮する場面があっても「年寄りだからよくわからないねー」などと言いながら上手にかわしてゆく様子は、県知事として政府と対峙してゆくにあたっても威力を発揮するのではないだろうか、と思わせる。

しばらくすると渡口の長男である渡口昇が事務所に戻ってきた。昇は初美の実質的に支援団体となっているベーシックインカム勉強会「ＵＢＩ３０００」*の中心メンバーである。ベーシックインカム勉強会についてや、今回母親を立候補させた経緯などについて勢いよく話し続ける。昇が登場すると初美は基本的に話をしなくなる。立候補表明の際に沖縄県庁で行った記者会見でも、ベーシックインカムの財源を問われた際、昇が助け舟を出していた。

ＵＢＩ３０００　Unconditional Basic Income 所得制限などをつけない、無条件で配布されるベーシックインカムのこと。３０００についてはさまざまな意味付けがあるようだが、同じく勉強会メンバーの川合アユム氏が宗教的な意味に基づいて付けたと証言している。

実は、ベーシックインカム勉強会としては一年ほど前から渡口昇を県知事選挙に擁立する方向で動いていたのだが、翁長雄志の急逝により選挙が早まったため、知名度とカリスマ性を兼ね備えた母、渡口初美が候補者となったのだった。初美自身はベーシックインカム勉強会には参加していなかったが、初美が週に一回レギュラー出演しているコミュニティFM局、FMレキオ「渡口初美のゆんたく♪」の中の親子対話のコーナーで、昇がベーシックインカムについて繰り返し紹介してゆくうちに理解者になったのだという。

初美自身も八三歳という年齢にしては驚異的なクレバーさを持っていて、ベーシックインカム勉強会にただ単に祭り上げられているだけではないのが良くわかる。事務所には「料理研究家・渡口初美」のファンとみられる高齢女性も事務所に詰めている。近所の人々に宣伝したり、ポスター貼りを手伝ったりしているという。

高齢のため、街頭演説は実施せず、主な選挙運動は*インターネットを通じた動画配信やSNSによる訴えだった。八三歳と今回の県知事選挙の立候補者の中で最高齢にして最先端のメディア展開である。

この日ネット討論会をする渡口と兼島は、同じ選挙の候補者同士でありながら、すでに交流を続けていた。告示後にTwitterのダイレクトメール機能を使って渡口の側から兼島に「お茶でもしませんか」と誘ったのが交流の始まりだ。お互いに貼れていないポスターを手分けして貼ったり、兼島がマスメディアとやり取りをする際にファックスを貸したりと、およそ知事の椅子を巡って争い合っている二人とは思えない穏やかなやりとりが展開されていた。

この日は渡口、兼島両者の討論会をインターネットで中継するという企画だった。知事選挙の四候補のうち二候補が集まって議論するというのに、取材記者は私一人だった。会場には両候補と私以外はベーシックインカム勉強会のメンバーが一〇名ほど。要するに兼島にとっては完全にアウェイの状況だ。討論会は二部構成になっており、前半では両者に対して投げかけられた質問に答えてゆく、というやり方だったが、後半はそれぞれの候補者の知人を交えた討論、という形式になった。兼島は登壇者を用意しておらず、二日前に

インターネットを通じた──　二〇一三年からインターネットを用いた選挙運動が解禁され、公式ページ、ブログ、動画配信サイトやＴｗｉｔｔｅｒ、ＦａｃｅＢｏｏｋなどのＳＮＳをどの様に使うかが選挙を闘うものにとって無視できない重要なツールとなっている。

取材で知り合った私を「友人」枠に指名してきたのだった。またしても職業倫理が問われる場面だったが、政治的な主張はしないこと、発言は情報提供にとどめることを約束して登壇することになった。

知人を交えての後半のやり取りは渡口陣営の「友人」がベーシックインカムの効能をプレゼンし、兼島を説得しようと努める構図に見えて仕方なかった（後日聞いた兼島の感想も同じだった）。また、議論の中で兼島、渡口のどちらかが当選したら、落選した方を副知事に任命する、という口約束も交わされていた。世代を超えた共闘である。それだけにとどまらず、結果にかかわらず、選挙が終わったら候補者四人でご飯を食べたいね、という提案がどちらからともなく飛び出した。

「主要候補」同士の闘いにはデマや怪文書が飛び交い、両者をめぐるまことしやかな黒い噂まで飛び交っていた。しかし、それとは真逆のアットホーム（でありつつ両者の思惑が微妙に見え隠れする）選挙運動が、同じ土俵で行われていたことは残念ながら一三〇万県民にはほとんど知られていない。

二世議員、渡口初美

沖縄ではよく知られたことだが、渡口初美は実は二世議員である。父親の高良一《たからはじめ》は実業家で、戦後、米軍統治下の一九四八年から那覇市議会議員を五期務め、議長も歴任している。また、実業家として、国際通りの由来となる映画館「アーニーパイル国際劇場」を建設。金融業やホテル業などさまざまな事業で成功を納めていただけでなく、一九六〇年代から那覇市にモノレールを建設する計画を私案として公表していた。ゆいレールが開通したのは二〇〇三年だが、この計画にあたっては高良の案が参考にされたと言われている。こうした、政治家であり実業家である型破りな発想が長女である渡口初美にも受け継がれているのではないだろうか。

「二世議員」といったように、渡口自身も那覇市議会議員を一九九〇年代に一期務めたことがある。議事録を探ると、保守系の会派に所属して子育て問題について取り組んでいたことが確認できる。

渡口が最初に那覇市議会議員選挙に立候補したのは一九九二年の補欠選挙だった。この時は四〇票足らずの差で次点に終わっている。*この時を振り返って立候補した動機について、渡口は「担当していたラジオ番組で言いたい放題言いすぎて降板させられた腹いせに、やけっぱちで立候補した」と語っている。その後の九三年の通常選挙で当選。任期満了に伴う九七年の選挙では落選。そして二〇年の時を経て二〇一七年の那覇市議会議員選挙で再び登場したのだった（結果は落選）。

ベーシックインカムの普及に向けて、勉強会の活動を活発にしている昇だったが、実は一〇年ほど仕事から離れていた。もともとダイビングショップを経営していたのだが、ダイビングスポットの過剰な観光地化に嫌気がさすなど、経済活動そのものに疑問を持つようになっていた。そんな時にベーシックインカムと出会い、水を得た魚のように活動をしていた。

そんなある日、初美が昇に対して、「まずは那覇市議会に出て、知事になる地ならしをしたらどうか」と立候補を促したが、昇は「市議会議員じゃベーシックインカムを導入で

次点　最も当選に近かった落選者を「次点」とし、市議会議員選挙の場合、三ヶ月以内に当選者が辞職したら、繰り上げ当選する権利が与えられている。ただし、法定得票数（市議会議員選挙の場合「有効得票数÷議員定数÷４」）を越えない場合は次点とならず繰り上げ当選もできない。

きる権限が持てないから意味ない」と拒否。「じゃあ私が出る」と勢いで立候補したのが一七年市議選に初美が立候補した真相だったのだ。ちなみに市議会議員選挙のポスターでは「人生いろいろ よろしく候」という謎のキャッチコピーを使っていた。

佐喜真淳と組織選挙

選挙期間中は渡口、兼島だけではなくもちろん「主要候補」の二人の運動も取材していたので、そのことについても触れたい。

主要候補の一人、自民党、公明党が推薦する佐喜真淳は動員を徹底するという典型的な組織選挙を展開していた。公明党の支持母体の創価学会は県外から一〇〇〇人規模の応援者を集めていたし、街頭演説には国会議員を大量に動員していた。特に自民党の竹下亘総務会長は告示前からのべ一九日間に渡って沖縄に滞在していた。自民党三役の一人がこれだけの長期間に渡って地方の知事選挙のために張り付くのは異例中の異例のことである。そのような強力なバックアップ体制の中でもとりわけこの選挙で特徴的だったのは、小泉《こいずみ》進次郎《しんじろう》自民党筆頭副幹事長（当時）が三回も沖縄入りしたことだろう。

以下はその詳細である。

九月一六日（日）

一四時　：パレットくもじ前
一五時半：浦添市安波茶交差点
一七時　：豊見城市役所前

九月二三日（日）

一四時　：パレットくもじ前
一五時半：うるま市安慶名交差点
一六時半：沖縄市役所前

九月二七日（木）

一三時半：那覇市イオン那覇前（小禄駅前）

車社会の沖縄において人が集まりやすい場所が選ばれているが、それ以上に特徴的なのが、全て期日前投票所*の至近距離であるということだ。最も離れているうるま市安慶名交差点でも、期日前投票所が設けられていたうるま市役所まで徒歩五分の距離だ。

人気の高い小泉の演説を聞きに集まった聴衆を、熱が上がっているうちにそのまま票につなげてしまおう、という作戦である。実際に演説終了後、佐喜真陣営から期日前投票が呼びかけられていた。

私が取材した二三日、パレットくもじでの応援演説は「Ｏｋｉｎａｗａ　Ｖｏｉｃｅ　Ａｃｔｉｏｎ」と題され、県内の若者が佐喜真を応援するために企画した演説会、ということになっており、佐喜真、小泉ら主役が登場するまでは二〇代の佐喜真選対青年部長らが場を取り仕切り、県内の高校生が演説をする、といった演出がなされていた。

期日前投票　定められた投票日より前に投票できる制度のこと。通常、告示（公示）日の翌日から投票できる。期日前投票所は通常、市区町村役場等に設けられるが、近年では投票率向上のため、ショッピングセンターや大学などにも設置される場合がある。

小泉の演説が始まるとざっと一〇〇〇人近い聴衆が集まり、その話術に引き込まれている様子だった。佐喜真の宜野湾市長としての実績を強調するだけでなく、他の弁士とは違い、佐喜真がフランスに滞在していたことを引き合いに出し、「佐喜真さんが知事になればフランスと沖縄の交流を深める」「国際通りがパリのシャンゼリ通りのようにいろいろな文化が溢れる通りになる」「美ら海水族館がルーブル美術館とコラボレーションして沖縄にしかできないような企画をやる」「沖縄の食文化とフランスの食文化が混ざり合ってオキナワンフレンチという様な新しい食文化が生まれる」といったおよそ県知事の仕事とは関係のない話であったが、その場では納得させられる不思議な魅力を持ち合わせているのが小泉の魔力なのだろう。

また、この演説会中、通りを行く人々にシール投票が行われていた。シール投票とは、選択肢が書かれている大きめのパネルに、自分の意見に該当する箇所にシールを貼ってもらい、多数意見を視覚化する手法である。佐喜真陣営では佐喜真が当選した際に実現してほしい政策を五つのうちから選ばせる方式を取っていた。

選択肢は以下の通り。

小泉進次郎と並んで演説をする佐喜真淳候補

◎国と連携し、不平等な「日米地位協定」を改定させます！
◎携帯電話の料金（通話代やパケット代）を４割削減させます！
◎地元沖縄の「プロ野球チーム」設立をめざします！
◎中小企業支援を充実させ、賃金アップに還元させます！
◎県独自の公費留学制度や就活費用の支援制度をつくります！

いずれもあからさまに「若者ウケ」を狙ったステレオタイプ的なもので、知事の権限とは無関係なものも混在しており、その是非が議論されることとなった。基地問題に関わる日米地位協定についても具体的にどの条文をどのように改正する、といったことを言わないままだった。

ただ、街頭での聴衆の盛り上がり方を見ると、理屈以上に現状の経済をなんとかしてくれるのではないか、といった期待を佐喜真が集めているようにも見えた。（もちろん、投票結果をみるとそうではないことが明らかになったのだが）

もうひとつ特徴的だった「応援歌」の存在についても触れておきたい。

佐喜真陣営は「さきま淳　応援歌」と称する曲を選挙期間中、街宣車で繰り返し流していた。「さきま、さきま、さきま、」と小気味よく連呼される馴染みやすいメロディーのこの曲で、佐喜真の名前が一気に県内に浸透したといっても過言ではないだろう。

沖縄の選挙ではかつてより「歌」が多用されてきた。特に、有名なCMソングや童謡などに候補者名を盛り込んだ替え歌を録音して街宣車で流す、ということが当たり前に行われてきた。

いくつか例をあげようと思ったものの、著作権的にグレー（おそらくアウト）な事例であると思われる上、記録も残っていないのでここで紹介するのは控えることにする。インターネットなどでの指摘を恐れてか、ここ一〇年ほどで各陣営ともオリジナル曲を作成する傾向が強まってきており、「さきま淳　応援歌」もその流れに位置するものだと考えられる。

内地の選挙でも国会議員の松原仁《まつばらじん》（東京3区・比例東京ブロック）、稲田朋美《いなだともみ》（福井1区）、城内実《きうちみのる》（静岡7区）らが、ゲーム「ドラゴンクエスト」シリーズの音楽を手がけたことで知られる作曲家、すぎやまこういちが提供したオリジナル曲を選挙に使用している例はあるが、これらは稀な例であり、選挙期間中に各陣営の街宣車が当たり前のように音楽を流す、という様子は沖縄ならではといっていい。

延期された二つの選挙

実は、二〇一八年沖縄県知事選挙と同時に行われる見込みだった那覇市・南部離島選挙区の沖縄県議会議員補欠選挙は実施されなかった。県知事選挙の翌月、一〇月二二日に投開票された那覇市長選挙に、現職の県議会議員で那覇市・南部離島選挙区選出の翁長政俊《おながまさとし》が立候補を表明していたので、そこで欠員となった議席の補充が県知事選挙と同時に行われる見込みだったのだ。しかしこの選挙は行われなかった。

県議会議員の補欠選挙*は県知事選挙のタイミングで欠員分が補充されるので、うるま市長選挙立候補のために辞職した山内末子《やまうちすえこ》の分（うるま市区）と石垣市長選挙に立候補した砂川利勝《すながわとしかつ》の分（石垣市区）は予定通り補欠選挙が行われたが、翁長政俊は那覇市長選挙に立候補は決めていたものの、県議会に辞表を提出したのは沖縄県知事選挙の告示後の九月二二日だった。このため那覇市区では補欠選挙は行われず、翁長政俊の議席は欠員のままとなったのだ。

翁長政俊が補欠選挙が行われないタイミングまで待って辞表を提出した理由については

いろいろな憶測があるが、県議補選に全県的に人気の高い前知事である翁長雄志の次男で那覇市議会議員の翁長雄治《おながたけはる》が立候補するとの情報があり、玉城デニーとセットで選挙を闘うと佐喜真陣営に不利に働く、という思惑があったと噂されている。

また、玉城デニーが議席を持っていた衆議院沖縄三区についても本来であれば一〇月に補欠選挙が行われる予定となっていた。しかし、二〇一七年一〇月に行われた衆議院議員選挙は「一票の格差」をめぐって裁判中であり、この判決が確定するまで補欠選挙は行うことができないことになっているため、一〇月に補欠選挙は行われなかった。

なお、二〇一八年一二月一九日に最高裁で先の衆院選は「合憲である」という判断がな

補欠選挙　都道府県議会議員については定数が複数の選挙区で二人以上、または定数一の選挙区で欠員が生じた際に行われる。また、複数人区で一人の欠員であっても都道府県知事選挙が行われればそのタイミングで同時に補欠選挙が行われる。また、衆議院小選挙区の欠員については九月一六日から三月一五日の間に欠員が生じた場合は四月の第四日曜日に、三月一六日から九月一五日の間に欠員が生じた場合は一〇月の第四日曜日に行われる。

されたため、この補欠選挙は四月に行われることが決まった。

玉城デニーと新しい選挙運動

佐喜真の応援演説には小泉を始め、菅義偉《すがよしひで》官房長官、山口那津男《やまぐちなつお》公明党代表、松本哲治《まつもとてつじ》浦添市長、といった県内外の大物政治家が入れ替わり立ち替わりやってきていたが、もう一方の「主要候補」であった玉城デニーの選挙運動のやり方は対照的であった。

演説会は選挙カーの上からではなく、聴衆と同じ目線、または簡素な踏み台の上に立って行われ、応援演説に立つ人々も政治家は、前出の翁長雄治那覇市議会議員、財界人は呉屋守将金秀グループ会長くらいなもので、マイクを握ったのは夜間中学の教員やＬＧＢＴ*の当事者、外国籍の親を持つマルチレイシャルの人物、政治学を学ぶ大学院生など、政治的なテーマに直接関わる人たちだった。中央政界からも野党の大物議員が数名応援が来て

ＬＧＢＴ　レズビアン、ゲイ、バイセクシュアル、トランスジェンダーの頭文字を並べた表現。性的少数者。

はいたが、選挙運動中は玉城とは合流せず、別の場所で街頭演説をしていた。

　これまで沖縄で見かけることがあまりないタイプの選挙運動だが、東京都内ではここ最近見かけるようになったスタイルであることに気づいた。立憲民主党のやり方である。

　二〇一七年の解散総選挙の際に、民進党が公認候補者を立てず、小池百合子《こいけゆりこ》東京都知事が党首を務めた希望の党と合流する方針に同調しなかった、枝野幸男《えだのゆきお》を中心としたリベラル系議員によって結党されたのが立憲民主党である。一〇月一〇日公示の衆院選挙を前に、一〇月三日に結党する、という急ごしらえにも関わらず、ポスターやウェブサイトなどに洗練されたデザインを取り入れ、SNSでの発信により無党派層に急速に浸透してゆき、小選挙区・比例代表合わせて七八人の候補者のうち五五人を当選させ、野党第一党の座を獲得した。

　そのやり方を玉城も取り入れ、県知事選挙を闘ったようだ。目線を有権者に合わせ、若者を中心に、賑やかな印象を演出する。玉城自身の明るいキャラクターもあいまって、イメージ戦略そのものは非常にうまくいっているように感じたものの、一方でどこか「内輪ノリ」に感じてしまう部分も多々あった。

　政策についても観光産業による経済振興と基地問題を論理的に結びつけて説明するな

ど、佐喜真の演説よりも誠実な様子がうかがえたものの、比較すると「キャッチーさ」に欠けていて、どこまで浸透するかは未知数だ、というのが現地で観察した限りでの印象だった。

那覇市内で行われた玉城を支援する文化人の集いにも足を運んでみた。内実は県内のプロ・セミプロのミュージシャンが集まってのパーティーで、およそ選挙のための集まりとは言い難いものだった。投票日が迫る中、佐喜真陣営が組織を固めて電話作戦や街頭での手振り*に精を出している一方で、内輪のパーティーで「やった気」になっている玉城支持者への危機感も感じた。

しかし、投票結果から事後的に考えると、組織で固められた選挙運動ではなく、関わる人々が楽しみながら輪を広げてゆくやり方が功を奏したのかも知れない。もちろん、共産・

手振り　車社会の沖縄では街頭演説より「手振り」と呼ばれる選挙運動が主流を占めている。候補者の名前が書かれたノボリを持って交差点に立ち、道ゆく車に手を振る、というシンプルなものであるが、有権者に対して「頑張っている感」をアピールするのに効果的であると言われている。

社民・社大を中心とした旧来からの組織を持った勢力が別に玉城陣営の電話作戦や手振りを担っていたからこそ、手を広げられたのかもしれない。

さて、次章より二〇一八年沖縄県知事選挙の「もうひとつの闘い」について詳しく書いていくことにしよう。

玉城デニー候補の選挙戦では若者の姿も目立った

第三章　選挙前夜～たった一人で沖縄県知事選に飛び込んだ男

選挙報道の「不平等」

選挙の報道にあたっては、公平、公正を期すことが求められている。特定のトピックについて賛成意見を掲載したら、反対意見も同程度の文字数を使って掲載する。A候補の笑顔の写真を掲載したら、B候補も同じ大きさの笑顔の写真を掲載する、といった具合にメディアはこれ以上なく神経を使ってバランスの調整にはげむのが一般的だ。

しかし、その原則は「泡沫候補」には適用されない。沖縄県知事選挙の期間中、連日佐喜真・玉城両候補の動きや政策が大きく取り上げられる一方、渡口・兼島の扱いはほぼ無に等しかった。選挙期間中に私が那覇市内で実施したトークイベントが地元紙で取り上げられると、渡口・兼島両者から、「なんで候補者の私たちが載ってないのに宮原さんが写真付きで載っているんだ」と冗談交じりのクレームを受けたりもした。（ただし、私はインターネットメディア、「選挙ドットコム」に全四候補についてほぼ同じ文字数で扱った記事を寄稿している。これは選挙期間中に発表された記事の中でメディアを問わず唯一のケースである）

本書はこの先、新聞・テレビとは異なる「主要候補」、兼島俊のストーリーを中心に話を進めてゆくこととしたい。

突然現れた第四の候補者

選挙の取材、特に大手メディアの伝える「主要候補」以外も取材するライターは、注目選挙の告示日には、届け出締め切り（大体の場合は午後五時）まで、想定外の候補者が届け出をしないかチェックに追われる。

この選挙では前述の通り一〇名近くが立候補するのではないか、と報道されていたので、報道を注視していたところ、佐喜真、玉城、渡口の届け出が報じられ、しばらくしてから兼島の届け出が伝えられ、そのまま午後五時を迎えた。[*]

四〇歳、既婚。東京都在住の元会社員。選挙では若者の政治参画を訴えている。ポスターにはなぜかプロレスのマスクをした写真が使用されている。

告示の一〇日後、投開票の一週間前に沖縄入りした私が現地入り前に収集できた兼島俊に関する情報はこれくらいだった。街頭演説は実施しておらず、夜間にライブハウスなどでトークイベントをしているらしい、ということが本人のＴｗｉｔｔｅｒから伝わってきたが、それも中止や会場変更などが続いていて、沖縄入りしても会えるかどうか不安が残っていた。

そんな兼島と最初に遭遇したのは、前述の佐喜真淳のパレットくもじでの演説会が終了し、移動の途中、国際通りから一本入った路地で兼島が友人と話していたところだった。

「兼島さんですよね？」と声をかけると「よくわかりましたね。さっき、あんなに人がいたのに誰にも声かけてもらえなかったんですよ」と気さくにこたえる。手には佐喜真のビラを持っていた。

立候補するのでは──　選挙が近づくと各選挙管理委員会で、届け出予定者のための説明会が開催される。各メディアはこの説明会出席者をマークして取材する。また、ポスター掲示板の枠の数もこの説明会の出席者数を目安に作られる。ただし、説明会に出席していなくても届け出の際に必要な書類と供託金が揃っていれば届け出は可能なので、メディアが全く想定していなかった人物が立候補する場合も稀にある。

「選挙期間中、全ての候補者に直接会って話がしたいんです。（渡口）初美さんとはよく会って話してるんですけど、今日の佐喜真さんとは近づくこともできなかったです」と語る。

討論会などのイベントがある場合は別にして、知事選挙など一つの当選枠を争う選挙で、候補者がおおっぴらに対立候補に会いに行く、というのはあまりないことである。

候補者交流の前例～二〇一六年都知事選挙

ただ、二〇一六年の東京都知事選挙ではそのような状況が多数見受けられた。候補者のひとり、高橋尚吾《たかはししょうご》（当時三二歳）は兼島と同じように全く支持基盤を持たず、一人タスキをかけて地元を歩き回る選挙運動を展開していた。しかし、真剣に少子化問題や表現規制の問題を訴える様子に共感が集まり、次第に支持者を増やしていった。

また、高橋は選挙中、他の候補者の応援演説を買って出るという前代未聞の動きを見せた。「東京都のトップを目指すものとして、都民のために立候補している他の候補者を全力で応援するのは当たり前だ」と述べるも、小池百合子や鳥越俊太郎《とりごえしゅんたろう》、増田寛也《ますだひろや》といったいわゆる「主要候補」からは門前払いを食った。しかし独自の運動を続けていた山口敏夫《やまぐちとしお》元労働大臣やＮＨＫから国民を守る党の代表の立花孝志《たちばなたかし》、スマイル党総裁マック赤坂らとは交流を深め、選挙カーを借りて自身の演説を行う、といった類を見ない選挙運動を展開していた。

さらにこの選挙では山口と同じく候補者でジャーナリストの上杉隆《うえすぎたかし》が中心となり、全二一候補に呼びかけ、そのうち一二候補が登場して合同で新宿駅前に常駐していた山口の選挙カーで街頭演説を行う、といった取り組みも行われた。候補者自身の企画でこうした合同での演説会が催されるのは極めて異例であった。

兼島が他の候補者にアプローチしたのは、東京都での動きを意識したものではなかったが、単純な選挙での勝敗にこだわるのではなく、どのように地域の問題を解決してゆこうとしているのか、その問題意識を非常に強く持っている者どうしで意見を交わしたい、という自然な発想からの行動という意味であった。

兼島の行動も、東京都知事選挙で起きたことも同じことなのかもしれない。

兼島候補の誕生まで

ここで、兼島の生い立ちを振り返ってみたい。

沖縄市で生まれ育った兼島は、小学校入学前に両親の離婚に伴って浦添に転居する。幼少期は吃音に悩まされ、イジメにあったことがあり、ノートに漫画や言葉を書いて過ごす内向的な少年だったという。

居酒屋のアルバイトで学費を稼ぎながら県立陽明高校へ通い、卒業後は専門学校への進学を目指したが、経済的な問題からあきらめ、祖父が経営する中古車販売店に就職した。

イジメの経験からコミュニケーションが怖く、お客さんがくるとカーテンを閉めて店の奥に隠れる、という日々を過ごしていたため、働いていた一年間で一台も車を売ることが出来なかった。当時は買い物に出かけた先で笑っているカップルはみんな自分のことを笑っているのだ、と思うほど追い詰められた精神状態だったという。

そんな兼島だったが、大黒摩季の「永遠の夢に向かって」という曲に触発されて、胸に秘めていた「プロレスラーになりたい」という思いに火がつき、体を鍛えて大手のプロレス団体に応募するも書類審査で不合格となった。

その後、バイトを転々としていたある日、勤め先の喫茶店に出勤すると、何の前触れもなく閉店していた。兼島はなぜかその足で消費者金融に行ってお金を借り、旅行会社でその日の便の東京行き航空券のチケットを購入する。

兼島は当時のことを振り返ってみてもなぜそんな行動をとったのか、自分でも理解できないとしつつも、「『今しかないな』と思ったんじゃないか」と分析している。何となく、直感的に思いついたことを行動に移してみて、それから何とかする、というのが県知事選挙立候補に到るまでの兼島の行動原理なのかもしれない。

上京後は好きなハードコアパンクバンドのライブに入り浸り、グッズの物販でバンドのメンバーに「僕も沖縄でバンドやってんるで対バン*してください！」と声をかけてしまう。連絡先を交換して、沖縄ライブの話が進むのだが、当時兼島はバンドをやっていなかった。勢いでウソをついてしまったのだ。沖縄に戻って大急ぎでバンドを結成して対バン企画を実現させたという。

この辺りから、アルバイト二つ、恋人も二人、キックボクシングの道場にも通ってバンドも人気が出始める、といったように、人が怖かった時期がウソのように兼島の人生は上

対バン　複数のバンドが合同でライブイベントを行うこと。

昇気流に乗り始める。

憧れのバンドの沖縄イベント企画を任され、イベンターとしても仕事が入るようになり、バーテンダーやライブハウスのスタッフなど、やってみたかった仕事に端から手を出して行くだけでなく、友人とアパレルブランドを共同経営し、イベントとタイアップしたTシャツの販売などで大きな利益をあげてゆく。端役ながら、県内で放送されたテレビドラマにも出演した。

本人曰く、人生で一番調子に乗っていた時期で、すれ違った女性が自分に声をかけないのを不思議に思うくらいだったという。

残念ながらそんな生活も長くは続かなかった。

バンドは全国ツアーを終えて沖縄に戻る頃になると解散する流れになったのだ。

飛行機で那覇空港に到着して、恋人に迎えを頼む電話をすると、別れ話を切り出されてしまい、翌日落ち着いて勤めている喫茶店に出勤すると、またもや前触れもなく閉店している。失意の中、友人から三万円を借りてどうにかしようとすると、そのお金を丸ごと帰り道で失くしてしまう。

やけっぱちの兼島が次に目指したのがインドだった。理由は「一生のうち一度は行って見たかったから」で、それ以上でもそれ以下でもなかった。

三ヶ月ほど季節労働で貯金し、インドには一ヶ月間滞在。東京に戻ると手持ちのお金が七〇〇〇円しかないために沖縄に戻れなかった。アルバイトをするにも写真も撮れず履歴書も買えないので、ネットカフェに泊まりながら、事務所の引っ越しやウォーターサーバーの積み下ろしといった肉体労働の日雇い派遣で食いつないでいた。日雇い派遣は毎回現場が異なるので、翌日朝の現場近くのネットカフェに泊まるようになり、そのうち宿代も惜しくなって路上生活もするようになっていった。

現場近くに寝泊まりしているから、当然入り時間が誰よりも早く、評価が上がっていった。単純労働の現場ではとにかく大きな声を出せばかわいがられることもわかってきて、日雇いメンバーの中のリーダーを任せられる場面も多くなっていった。

そんな路上生活＋日雇い労働という生活を二年くらい続けていたある日、ふと思い立ち、沖縄でバーテンダーをしていた頃に出会った女性に連絡をとり、再会を果たした。家がないことに呆れられ、その女性のお父さんが持っていた都内の物件を格安で貸してもらうことになって路上生活はひと段落する。ついでに「沖縄の人だからタコライス作れるでしょ」といったノリで飲食店の仕事も紹介してもらう。やけっぱちで飛び出してからも人の縁でサバイブしてゆく、という経験がまたしても積み上げられる。一見すると無茶な行動も「なんとかなるさ」と根拠のない自信を持って兼島がチャレンジし続けられているのは、こうした成功体験が背景にあるからだろう。

そのタコライス屋の向かいの弁当屋で働いていた女性に運命を感じて交際が始まり、そして妊娠が分かり、結婚が決まった頃に東日本大震災が起こる。二人は落ち着いて出産できる環境を求めて再度沖縄に戻って焼き鳥屋を開業する。数多い飲食店の経験から、仕込みが簡単で利益率が高い商材を選んだのだった。しかし用地を持っていなかったので、キャンプ用のタープやコンロを購入して場所を借りながら営業するスタイルで、試行錯誤を重ねながら次第に軌道に乗っていった。しかし、この仕事も長く続けることはできなかった。妻のマタニティブルーとホームシックに加え、妻の父親の反対にあって、東京で再就職をすることになったのだ。

東京では飲食店の仕事が決まっていたが、勤務時間が長く家にいる時間が短いということで妻の反対にあって断念。「だったら何でも受けてやるから求人票を持ってこい」といって妻が持ってきたハローワークの求人票五枚全社を受けて全て内定を決める。その中でも「やったことがないことに挑戦したい」という動機から、パソコンをほとんど使ったことがないにも関わらずIT企業に就職する。兼島にとって初めてのサラリーマン経験だったが、試しにやってみた営業の仕事でいきなり月額五〇万円という大口の契約を取り付ける。「営業の仕事は、目の前の人に楽しんで喜んでもらえることを続けていけば結果が出るので、バンドの活動と同じだと思う」という兼島は、すぐに仕事に順応したようだ。

その後、会社に勤めながら友人と共同出資でITベンチャーを起業。そこで人事、総務、経理など一切を任されて、仕事を覚えた。業績も年間で一億四千万円を売り上げるなど好調だったが、何となく肌に合わない感じがしてモヤモヤしているところ、別のIT企業の社長に「好きなようにやっていいから来て欲しい」というオファーを受け、その会社に転職することとなる。

声をかけてきた社長は実際にかなり自由に仕事をさせてくれたといい、ある日雑談で兼島が知り合いが運営に関わっているプロレスリング「琉球ドラゴンプロレスリング」の初の東京大会のチケットが売れていないことを話すと、社長がその場で二〇万円の協賛を決定。それをきっかけに兼島は大会当日、「キョーサンマスク」としてリングデビューを果たすことになる。沖縄県知事選挙立候補の半年前のことである。そんな自由な社長の下だったので、有給を使って選挙に立候補することも許してもらえたのだった。

第四章　沖縄〈泡沫候補〉バトルロイヤル

戦略が立てられなかった立候補

　駆け足で立候補に至るまでの兼島俊の波乱万丈な半生を追いかけてみた。さまざまな経験を積み上げているものの、政治的な動きはあまり見受けられず、今回の選挙については思いつきによる唐突な立候補だったように思えるが、しかし必ずしもそうとは言えない。政治に興味を持つきっかけとなったのは、二〇一〇年の*尖閣諸島中国漁船衝突事件だ。マスメディアの報道や当時の民主党政権の対応に不信感を抱くようになった。逆に言えば、それまで政治的なイシューに関心を持つことはあまりなかった。

　さらにその後、二〇一四年の沖縄県知事選挙で兼島はさらに政治に関心を深める。現職の仲井真知事に対して、四年前に仲井真の選対本部長も務めた翁長雄志が辺野古新基地建設を巡って反旗を翻す一方、宮古島に強力な地盤を持ち衆院議員を四期務めた下地幹郎《しもじみきお》と、県出身のミュージシャンとして全国に名を馳せ、参院議員・民主党沖縄県連代表を歴任した喜納昌吉《きなしょうきち》という豪華な顔ぶれの四名が立候補していた。その報道を見て、「この並びに自分がいたらどうなっていただろう」と兼島は考えた。知名度も支援組織もない者に勝ち目がない、と思うのが常識的な考え方だろうが、さまざまな非常識を形にしてきた兼島はそうは考えなかった。それからというもの、兼島はテレビ番組「朝まで生テレビ!」を視聴したり、小林よしのり、かわぐちかいじといった政治的なテーマを扱う漫画を読んだりして自分なりに政治を理解しようと模索を続ける。

情報収集の仕方に若干の偏りがあるように感じるが、二〇~三〇歳代の普通の生活をしている人々にとって、政治の入り口としてはこれが一般的なのかもしれない。

尖閣諸島中国漁船衝突事件　二〇一〇年九月、日中間で領有権を巡って紛争が起きている尖閣諸島付近で海上保安庁の巡視船に中国籍の漁船が体当たり衝突事故を起こし、船長を逮捕した。事件発生から約三週間後に船長は保釈され帰国するが、中国側はこの対応に強く抗議した。それを受けて、事件の一部始終を追ったビデオを公開するよう当時の野党自民党は求めたが、政府は一般への公開を渋り、政治家に限定して見せていたところ、動画投稿サイトYouTubeに当該動画が流出。海上保安官、一色正春が自身の信念から起こした確信犯だった。のちに当該海上保安官は守秘義務違反で書類送検されたものの起訴猶予。海上保安庁を退職後は保守論壇で活躍している。

そうして、沖縄県知事選挙が予定されていた二年ほど前、二〇一六年頃から友人たちに「沖縄県知事選挙に立候補を検討している」と話し始めた。それだけ聞けば突飛な思い付きのようだが、兼島の驚異的な行動力を知っている友人にとっては、本気で実行に移すことは薄々感じていたのかも知れない。そんな友人たちから選挙に立候補するための情報が少しずつ集まって来たのだ。

投票結果だけを見ると、ＳＮＳの投稿を除いてはほとんど効果的な選挙運動ができていなかったように見える兼島だが、実は周到に立候補に向けた準備を進めていた。特に前代未聞だったのが、以下のようなものである。

◎事前に全くの匿名で、覆面レスラーのマスクをかぶって、沖縄県民を挑発するような政治的アジテーション動画を撮影・公開し、話題を集める。
◎県庁で行う記者会見にはマスクをかぶって出席し、その場では一言も喋らず、後日行う県内の全四一市町村役場庁舎の前で行う演説会の日時だけを告知する。
◎当日、全四一市町村役場に同じマスクをかぶった人物を一人ずつ配置し、同時中継で立候補にあたっての演説をする。

という挑発的かつ、否が応でも話題になる選挙運動を考えていたのだが、現職である翁長の死去で選挙の日程が繰り上がった上に、弔いムードにおおわれた知事選において華やかな運動は控えざるを得ず、実現はしなかった。

兼島が行った実際の記者会見は、立候補の届け出に必要な書類を県庁に取りに行った際に記者クラブに誘導され、準備もなくそのまま立候補表明となった。

新聞各紙は報道に使用する顔写真を撮影し、年齢、学歴や職歴といった基本情報、辺野古新基地建設についての賛否や翁長県政四年間に対する評価、といった政治的スタンスを確認する。

候補者はただ会見場にて口頭で回答するだけではなく、各メディアから「調査票」と呼ばれる用紙が渡され、同様に基本事項や政治的スタンスの記入を要求される。大きな組織を持っている陣営であればスタッフが手分けして記入するのだが、兼島の場合は全て一人で対応せざるを得なかった。その上、届け出の時点で事務所を持っておらず、ファックスが使えるようになるのは前述した通り、渡口初美との交流が始まって　渡口事務所で使わせてもらえるようになってからだ。

後援会や支援組織などの後ろ立てがない場合、そういった細かな事務作業も全て候補者が担うことになり、選挙期間中に非常に大きな負担となる。また、兼島は勤めていた会社については有給休暇を消化して立候補して当選したら退職する、ということで社長と合意していたが、連絡先を公開していない兼島に取材を試みる報道各社から、インターネット検索で突き止めた兼島の勤務先に大量の電話が鳴り続けたため、会社に迷惑をかけないよう退職することにした。

それ以降、兼島の肩書きは「元会社員」として報道されることになる。

また、記者会見で兼島は辺野古新基地建設について賛否を問われ、「危険な普天間飛行場を移設するのはいいが、辺野古に持っていっていいのか。自分の中で整理できていない」と返答。翌日の新聞記事で兼島の立候補が取り上げられると「供託金のムダ」「いたずらに票を割るようなことはしないで欲しい」「自分の中で整理できていなくて立候補はないだろう」といった批判的なコメントが多数寄せられた。

供託金をめぐって

県知事選挙に立候補するにあたっては、選挙管理委員会に三〇〇万円の供託金を支払う必要がある。知事選挙の場合、一〇%以上の得票を獲得すれば選挙後に返還されるが、一〇%を超えなければ没収される。また、この供託金没収点と呼ばれる得票率一〇%を超えた場合、選挙カー、ハガキ・ビラの印刷、看板・ポスターの作成なども公費負担となる。

売名のみを目的とした立候補を抑制し、選挙の秩序を維持する、というのが制度の建前だが、事実上既に基盤がしっかりとしている政党からしか立候補が難しく、有権者としては代表の選択肢を狭められているという立場から、これを憲法違反とする訴訟も起こっている。実際に、海外と比較しても日本の供託金は格段に高額なものとなっていて、無所属

＊海外と比較しても——供託金の国際比較　アメリカ、フランス、ドイツでは供託金制度はとっておらず、イギリス下院では約七万円（五〇〇ポンド）、カナダ下院では約八万五〇〇〇円（一〇〇〇カナダドル）、OECDの中でも比較的高額な韓国でも約一五〇〇万円（一五〇〇万ウォン）、オランダ下院で約一四五万円（一一、二五〇ユーロ）となっている。

候補の政治への新規参入を目指す者にとっては高いハードルとなっている。

兼島も届け出にあたって供託金を銀行に用意していた。

ところがここで問題が発生した。準備していた供託金を引き出そうと、告示日前日にATMに行くが、そこで大変なことに気づく。東京で生活している兼島は都市銀行をメインバンクにしているが、沖縄県内に都市銀行の支店はみずほ銀行をのぞいて存在しない。提携しているATMからまとまった金額を引き出そうとしても限度額である五〇万円までしか下ろすことができないのだ。

慌てて県内の知り合いに二五〇万円を貸してもらうようお願いしたところ、二つ返事でOKをもらって安堵したのも束の間、その相手から深夜に「妻の反対にあったから申し訳ないけどお金は貸せなくなった」との電話がかかってきた。

失意に沈んだ兼島は居酒屋でひとり酒を飲みながら、応援してくれた人たちに「お金が準備できないので立候補は断念する」という旨のメールを打つ。

すると、「五万円なら出せる」「店の仕入れを止めれば一〇〇万円用意できる」「一五〇万円振り込んでおいたから」「八万円なら」と深夜にもかかわらず、次から次へとお金を工面する連絡が届き、一二時間で供託金の額を大幅に超える七〇〇万円が集まってしまったのだ。

　お金が集められても引き出せなければ意味がない。兼島は急いでメインバンクにしている銀行のコールセンターに電話をした。ネットバンキングの開設のためだ。急がなければ供託金の用意に間に合わない。当然のことながらマニュアル通り「決まりなので」ということで急ぎの開設を断られるが、電話口に銀行の責任者を呼び出し、「沖縄の未来がかかっている大事なお金なんです」とこれまでの経緯と選挙にかける熱い思いを語り、どうにかネットバンキングの口座を超特急で開設することに成功する。

　こうして兼島は自分の都市銀行口座から知人の沖縄県内の地方銀行の口座に振り込んで現金を手にすることができ、無事に沖縄県知事選挙に届け出ることができた。ただし、受付開始の時間には間に合わず、*届け出順は四番目となってしまった。

政見放送は半分だけ

　立候補の届け出をすると大量の資料を手にする。ポスター掲示板が設置してある場所の地図や、*七つ道具と呼ばれる選挙運動に必要な許可証、ビラに付ける証紙、その他公職選挙法で定められた資料である。兼島もそれを手渡された。その中に政見放送の申し込みに関する資料が入っていたのだが、それを見落としていた。政見放送については候補者自らが放送局に申し込みをする必要があるのだが、兼島はそれに気づかず、対応が後手に回った。

この沖縄県知事選挙での政見放送はＮＨＫのほか、県内の民放である琉球朝日放送（ＱＡＢ）、琉球放送（ＲＢＣ）、沖縄テレビ（ＯＴＶ）の各社から放送されたのだが、このうち、放送局から確認の電話があったＮＨＫとＱＡＢ放送分は収録を果たして放送された。しか

届け出順　朝一番で届け出をした候補者は、くじ引きで届け出順を決めるが、朝一番に間に合わなかった場合は順に届け出番号が振り当てられる。この番号がポスター掲示板の割り当て番号となる。

七つ道具　選挙事務所の標札、選挙運動用の拡声機に取りつける表示板、自動車・船舶に取り付ける表示板、自動車・船舶に乗りつける際に着用する腕章、街頭演説で掲げる標記旗、街頭演説で運動する際に着用する腕章、街頭演説で掲げる立札の七つ。

し、残る二局からも電話がかかっていたが、忙しくて後回しにしているうちに収録日が過ぎてしまったという。結果、ＲＢＣとＯＴＶは兼島抜きの三候補だけの放送となった。

ちなみに政見放送については沖縄県知事選挙に限らず、放送枠の関係からか、時間帯に偏りがあり、その効果を疑問視する声も少なくない。今回の放映時間を見てみよう。

テレビ

九月一九日（水）一八時二五分～一八時五一分（ＮＨＫ）
九月二一日（金）　三時五五分～　四時二五分（ＱＡＢ）
九月二一日（金）　九時五五分～一〇時三〇分（ＲＢＣ）
九月二四日（月）一五時五〇分～一六時二〇分（ＯＴＶ）
九月二七日（木）　七時三〇分～　七時五六分（ＮＨＫ）

ラジオ

九月二一日（金）　七時二五分～　七時五一分（ＮＨＫ）
九月二三日（日）一九時〇〇分～一九時三〇分（ＲＢＣ）

九月二六日(水)一二時三〇分～一二時五六分（ＮＨＫ）

テレビでは平日の夕方の時間帯が一回、ラジオでは日曜日の夜に一回。その他は早朝や平日の昼間の時間帯ばかりで、ひどいものだと午前四時台の放送もある。

また、この他に候補者の年齢、学歴、職歴などだけをアナウンサーが読み上げる「経歴放送」というものも放送されるが、それが候補者選びにどの程度役に立つかは推して知るべきだろう。家庭のインターネット環境で動画が見られるようになった頃から、政見放送をインターネットで見られるようにするべきだ、という声が挙がっているものの、二〇一九年現在に至るまでそれは実現していない。

兼島の政見放送の原稿は以下の通りだ。

兼島です。

まず私の自己紹介からさせてください。

私は沖縄市で生まれ、浦添市で育ちました。

一九才の時プロレスラーを目指しました。

不合格でした。

二三才の時バンドを結成して、県内外で活動してイベントも組んでました。

二八才　バンド解散してインドとネパールに行きました。

日本に帰ってきて、東京で日雇いの仕事しながらホームレスになりました。

何もない所から、いろんな事をしました。

そのうち、家族も出来て、子供も生まれて好きな人達と仕事出来ました。

ある日ふと、今後を考えた時に、自分の残りの人生は、全部好きな人や好きな沖縄の為に使おうと決めて、そこで沖縄の為に何か出来る事はないか？と考えて今回沖縄県知事選挙に立候補しました。


辺野古賛成反対だけじゃなくて、沖縄をもっとよくしたいです。

もっと楽しく便利にしたいです。

お金が無いから内地行くことがないようにしたいです。

政治経験も、政党の応援も、資金体も選挙カーもないです。

だから、へんなしがらみや利権は一切ないです。

足りない物を数えたり、準備が整うの待ってたら、何もしてないのと同じで、いつまでたっても何もかわらないと思って行動してます。

僕は人が好きです。地元が好きです。沖縄が好きです。

これからの沖縄を作るのは、ルールを決めるのは、どこかの政党じゃなくて、どこかの団体じゃなくて、これを見てる沖縄に住む一人一人です。

僕は、これからの沖縄を作って行く若い人の踏み台で構わないです。

政治家はやりたい事をいうもんじゃなくて、民意を聞いて、実行するのが役割だと思ってます。

もっと、沖縄がよくなるように、自分だったらこうするのにってご意見があれば、教えてください。何でもいいです。

保育園作って下さいとか、ダンスや余興の練習がしたいので大きな鏡を付けてくださいとかでも構いません。声を上げてください。

ツイッターでカタカナ「カネシマシュン」で検索して、メッセージをください。

そのあなたの意見が将来自分の子供に、自分の孫に、オジーとオバーは行政にこんな意見を通して沖縄はかわったんだよって言えるようにしましょう。

このままなにもせず年を重ねて、テレビや新聞やネットを見て、政治家クソだなとか言って、お酒飲んで文句言ってるダサい大人になるのはやめましょう。

政治に参加しましょう。沖縄をつくりましょう。

誰かに用意された道には何もないです。

最後に好きなブルーハーツの歌で締めたいと思います。


「未来は僕らの手の中」

ありがとうございました
兼島でした。

以上がＮＨＫバージョン。ＱＡＢバージョンではパンクバンド、「Ｈｉ－Ｓｔａｎｄａｒｄ」の英語の歌詞を読み上げて約一分で終了した。政治的なしがらみのない若い世代を主にターゲットにしつつ、具体的な政策よりも直接的に政治に関わる手段や場を作ってゆくことを企図した兼島のモチベーションが端的に見て取れる。

本来政見放送では、手話通訳者を公費負担で付けることが出来るのだが、時間的にギリギリの対応になったため、手話通訳者に依頼する時間的な余裕が取れず依頼ができなかった。

壁から蛇口が出ている事務所

もともと選挙事務所は設定せずに、お金のかからない選挙をしようと考えていた兼島だったが、事務所がないと外部とのやりとりなどに支障が出て、何かと不便なので友人にお願いして、改装して別の店舗として稼働しようとしていた元飲食店だった店舗物件を事務所として借り受けることができた。友人は、兼島のために進んでいた工事を一旦止めたといい、さらに同じ友人にワゴン車も借りることができた。事務所と車が手に入って一気に選挙らしくなった、と思いきやなかなか一筋縄ではいかない。

そもそも改装中の店舗物件で、人が寝泊まりしたりすることが想定された部屋ではない。壁から謎の蛇口が出ていたり、広さもわずか二畳ばかり。そこに置いてある使い古したソファで寝起きせざるを得なかった。立地もいわく付きで、すぐ近くに左派系の国政規模の政党が関係する事務所があり、その関係の車が兼島の駐車スペースに勝手に駐車していたことがあった。その様子を写真に撮り、Ｔｗｉｔｔｅｒにアップしたところ、一四〇〇を超えるリツイートを記録した。

この投稿が拡散された背景には、辺野古新基地建設に反対する勢力に反感を抱いているネット保守世論によるものが少なくなかった。この沖縄県知事選挙、「主要候補」は非常にシビアな情報戦を戦っていたことが背景にある。

車についても、選挙期間中の早い段階で、県内でも有数の渋滞スポットである那覇市安里の交差点付近でエンストを起こすといったトラブルに巻き込まれ、車を手で押して移動したという。

こうなると事務所は候補者自身の寝起きの場所以上の機能は望めず、結果的にファックスなどの連絡先は前述の通り渡口事務所に間借りする形となったのだった。

選挙ポスターをめぐる闘い

兼島をめぐって最も話題となったのが、あの選挙ポスターだろう。彼は今回の選挙で三種類のポスターを用意した。一枚はプロレスのマスクをかぶっているもの、もう一枚は兼島の顔をホラー映画のようにデフォルメしたもの、そしてもう一枚は白い壁をバックにしたシンプルなものだ。

「とんでもない奴が出てきてワクワクする人もいれば、顔がちゃんと見えないと信用できない、という人もいる。その両方に対応したかった」と兼島は理由を語る。

「主要候補」である佐喜真陣営、玉城陣営は、告示日の午前中までに県内ほとんどの掲示板にポスターの貼り付けを終えている。また、渡口陣営についてもある程度選挙のノウハウを持っていたので、告示三日後にもなると大通りなど主要箇所への貼り付けはクリアしていたようだ。

そんな中、兼島は告示日に印刷が間に合っておらず、ポスターが納品されたのは告示から一週間が経った九月一九日だった。当初、これを県内を回りながら一人で貼り付けようと考えていたが、離島も含めて約二四〇〇カ所を一七日間で回りきることなどできるわけもなく、断念。友人に応援を依頼することになった。

実は、この出来事から、この選挙期間中の「チーム兼島」と言えるような、組織立ってはいない緩やかな繋がりが形成されてゆくことになるのである。

ポスター掲示板の多くは道路に面しており、一人で作業すると交通量の多い場所ではとても危険なのと、日中は働いている人も多いため、チーム兼島は主に夜間にポスター張りの作業をした。

県知事選挙ではあるが、それぞれの掲示板は各市町村の選挙管理委員会が設置しているため、掲示板が位置している地図はそれぞれの市町村役場にある選挙管理委員会で受け取らなければならない。(四一カ所!)

兼島は、すでに協力体制を取るようになっていた渡口事務所とここでも手を組んだ。渡口事務所に何枚か渡して一緒に貼ってもらう代わりに、渡口事務所が手をつけられていない場所があれば一緒にポスターを貼っていた。地図についても、渡口事務所が貼り終わった市町村の地図を譲ってもらって作業に当てていたという。

それでも全ての場所に貼るのはかなり難しいことがわかってくる。「チーム兼島」のミーティングで兼島が、大通りなどに絞って、住宅地の奥にあるものについては諦めることを提案すると、メンバーの一人が、

カネシマポスター　シンプルバージョン

「ポスターも貼りきれない人に県知事を任せられますか」

と疑問を呈した。この一言で緩みかけていた空気が一変し、改めてポスターを貼りきるという目標が定まったのだった。

この「チーム兼島」には元々の友人だけでなく、兼島のＴｗｉｔｔｅｒを見て応援したいと声をかけてきた有権者も複数人含まれている。その中でも保守色が強く、玉城陣営もポスターを諦めていた県内のある離島に住む人物から「応援したい」というメッセージが届き、兼島は自身と渡口のポスターを送った。送られた相手は詮索されるのをきらって夜間に貼ったところ、翌日島内では大騒ぎになっていたという。その島では佐喜真、渡口、兼島のポスターが貼ってあって、当選した玉城のポスターだけが貼っていないという県内でもかなり特殊な状況となっていたようだ。

また、同じくＴｗｉｔｔｅｒを見ていた玉城デニー陣営で選挙運動を実際にやっていた人物からもポスター貼りを応援したい旨連絡があり、兼島はこれにも依頼をしたのだった。渡口陣営だけでなく、ついに玉城陣営とも繋がり「ゆいまーる選挙」がまたひとつ形になった。

兼島は「選挙は争いだとは思っていない」「沖縄を思う人たち同士が、どうやったら沖

カネシマポスター　覆面バージョン

縄をもっとよくできるのか、ということについてのプレゼン大会みたいなもので、お互いの悪口を言い合ったりする意味がわからない」と語る。

実生活と関わりの薄い権力闘争や既得権益の奪い合いが政治についての報道の大半を占める現状が若者の政治離れを招いていることを指摘しながら、民主主義のあるべき姿について、保守・革新の枠にとらわれない新しい選択肢を提示する姿が兼島の主張に触れた若者たちに届いたようだった。

こうして兼島のポスターは友人や見ず知らずのボランティアの手により県内各所に姿を現わすこととなる。

ちなみに選挙ポスターは一般的に裏面がシールになっている状態で納品されるように発注するのが一般的だが、兼島には資金も知識もなかったためスプレーのりと透明のテープを使用していたため、作業効率が非常に悪かったそうだ。ポスターは選挙終盤にはかなりの割合を満たすことができた。

ただ、目立つポスターに対してイタズラも少なくなかったようで、兼島のポスターだけが破られている、という報告もあった。Ｔｗｉｔｔｅｒでの報告を見ても兼島は「きっと風のせいだと思います！　ウチナーンチュはそんな事しません！　と信じてます!!」など

カネシマポスター　ホラーバージョン

として特定のだれかを責めることはしなかった。(実際、兼島のポスターは他候補のものと比較して耐水性が低く紙質がよくなかったため剥がれやすかった)

トークイベント

選挙中は街頭演説もビラ配りも街宣車を使ったアピールもしなかった兼島だが、当然何もしなかった訳ではない。Ｔｗｉｔｔｅｒを使った主張の拡散が一番影響力があったと思われるが、それだけではなく、兼島の音楽関係の人脈を使って、ライブハウスでのトークイベントを何度か実施している。

私が取材した九月二三日、那覇のライブハウス「ＳＯＵＮＤＳ　ＧＯＯＤ」でのトークイベントでは三十歳代前後の聴衆が一五名ほど集まっていた。「ＳＯＵＮＤＳ　ＧＯＯＤ」自体がオープンしたての新しいスペースであったため、兼島のトークは機材や運営のチェックも兼ねた「飛び入りライブ」と抱き合わせでの実施となっていた。

兼島の話は選挙に立候補している候補者とはいえ、自分の考えを広く伝えるものではなく、ライブハウスのオーナーと一緒に沖縄県を取り巻く問題や若者の政治参画について語り、来場者から逐次意見をもらってゆくスタイルをとっていた。

例えば、「投票率100%を目指したい」という兼島の意見に対して来場者から「選挙に行かない自由を認めるべきではないのか」とか「政治に関心を持たなくても済むような社会の方が住みよいのではないのか」といった反論が寄せられ、兼島は納得して関心する、といった場面や、辺野古の新基地建設に関しても兼島自身は賛否を明らかにしないまま、来場者同士で口論になりそうになるところを兼島が諌める場面もあった。

「こんな風に色々な人の意見を聞きたいんです」と有権者の声を広く聞いてゆく姿勢を示した一方、知事になった際に具体的にどのような動きを見せるのかという疑問はより深くなる選挙運動だった。

このトークはインターネット動画でリアルタイム配信され「この場に参加したい!」「シンプルに、わかりやすいですし、なるほど!となりました!」などといったおおむね好意的なコメントが寄せられていた。また、このトークイベントの後、ライブハウスに喜納昌吉が登場した。来場者の一人がその場に呼んだのだという。

喜納が政党の支援から外れた四年前の選挙のことや、県内の政治勢力の動きなどについて語り、意気投合し、「二代目喜納昌吉を名乗っていい」という許可をもらったという。(兼

島は「初代兼島俊としてこれからもやっていきます」と丁重に断った）

その後、兼島はＴｗｉｔｔｅｒに喜納との２ショット写真をアップし、県内外の政治関係者を驚かせることとなる。

この選挙での兼島の立ち位置と、二〇一四年の県知事選挙における喜納のそれに近いものがあった。

参議院議員を一期務め、民主党の沖縄県連代表であった喜納は翁長雄志が辺野古新基地建設に反対としながらも、埋め立て申請を撤回することを公約に掲げなかったことを「欺瞞である」としてこの選挙に立候補した。当時の民主党は新基地建設を容認する立場だったため、喜納は民主党から除名処分となり、組織的な後ろ盾がないまま無所属で選挙を闘うこととなったのだった。立候補にあたっては、翁長陣営から「票を割る行為だ」と強く非難されたものの独自の選挙運動を展開した。結果は七八二一票と得票率１・１％に止まる惨敗に終わった。

兼島はこの時、「喜納さんの得票は超えますよ」とオフレコで宣言しているが、兼島の得票数は三四八二票、得票率０・48％と二〇一四年の喜納の結果の半分にも届かなかった。

「お金のかからない選挙」の取り組み方

兼島俊がこの選挙で使ったお金は、三三〇万円だったという。そのうち供託金が三〇〇万円なので、その他に三〇万円を選挙運動にあてたのだ。兼島は「できる限りお金を使わない選挙をすることで、若い人にも立候補できるんだ、ということを示したかった」と語る。

渡口初美も同様に「静かな選挙、お金をかけない選挙、新しい選挙」というキャッチコピーで、派手な運動は控えてインターネットでの発信を中心とした選挙を展開していた。

沖縄県内で行われる選挙については、街中に本来は認められていないノボリが立てられていたり、貼ってはいけない場所にポスターが貼られていたり、選挙管理委員会に届け出がなされていない選挙カーが走っていたり、と公職選挙法に抵触するような運動が当たり前に見られる。

これについて問題意識を持つ候補者もいるものの、対立候補が違法行為をして知名度を高めているのに、自分の陣営がそれをやらないでいると支援者から「やる気がない」と思われてしまうので法に触れてもノボリを立てざるを得ない、という状況が続いてきた。

近年、那覇市内ではこういった選挙運動は控えられてきているものの、那覇から少し離れた地域ではあいかわらず違法なノボリや横断幕を目にすることができる。

かつて沖縄県選出の国会議員が「沖縄は『公職選挙法特区』ですから。逮捕を覚悟で腹をすえてやってもらいたい」と発言して問題になり、その後釈明したことがあるが、どの陣営も口にはしないものの、同じような認識を持っているものと思われる。

「選挙運動はしない」とか「選挙にお金をかけない」という方針でこれまで当選にこぎつけた例として、青島幸男の例がある。

青島は、参議院全国区*と制度変更後の全国比例区であわせて五回の当選を果たしているが、選挙ポスターの掲示も選挙カーでの街宣も一切せず、選挙期間中は普通通りの生活を

参議院全国区　一九四七年の第一回参議院議員選挙から一九八〇年の第一二回まで取り入れられた制度で、日本全国を一選挙区として定数一〇〇（半数の五〇議席ずつ改選）で争われた。制度上、一定の知名度を持った候補者が当選しやすく、青島をはじめ、石原慎太郎、中山千夏、今東光、立川談志らが全国区で当選を果たしている。

送っていた。ただしいつもと変わらず買い物をしている様子などが、写真週刊誌やテレビなどで報じられることで青島の宣伝となっていたのだ。（九五年の東京都知事選挙では街頭演説はしなかったものの、公設掲示板へのポスター掲出は行なっている）

　青島のように元から知名度がないとお金をかけずに選挙を闘っても敗北するだったのだが、二〇一三年のインターネット選挙運動の解禁以降、その状況に少し変化が見られるようになってきた。

　沖縄県内の例を見てみると、同年に那覇市議会議員選挙に立候補した無所属新人中村圭《なかむらけい》介《すけ》（当時二八歳）は、「やさしい選挙」と銘打って「違法なビラを配らない」「ノボリを立てない」「電柱にポスターを貼らない」という公選法を遵守する宣言をした。法律を守る、という当たり前のことをいうだけで他の候補との差別化をはかることができたのだ。

　それだけでなく、選挙カーから騒音を出さないため、選挙カーにスピーカーを付けず、有権者に肉声で呼びかける、というスタイルをとった。

　インターネットでの選挙運動ができない時代であればそういった取り組みが広がりを見せることは期待できなかったが、中村の「やさしい選挙」に対する評価は一定程度広がりを見せ、見事当選を果たした。

二〇一八年の沖縄市議会議員選挙に立候補した嵩元直萌《たけもとなおも》は中村のやり方に学んで同じように選挙運動を展開して当選を果たしている。ただし、これは市議会議員選挙レベルでの成功にとどまっているので、県知事選挙でこのやり方を機能させるには今後のインターネットメディアのさらなる普及を待たなければならないのかもしれない。

スピーカーを付けない嵩元直萌の「やさしい選挙カー」

第五章　ドキュメント開票日

台風に見舞われた投票日

日本においてほとんどの選挙は日曜日が投票日に設定されており、その直前の週末は選挙運動が最高潮を迎えるのが通例となっている。しかし、二〇一八年の沖縄県知事選挙では例外だった。大型の台風二四号（チャーミー）が沖縄を直撃したからだ。

九月三〇日の投票日前日の二九日にこの台風が最接近したため、玉城・佐喜真の両陣営二八日から街頭での選挙運動を中止し、電話作戦*に切り替え、「打ち上げ式」と呼ばれる選挙運動の最後を締めくくる集会は中止とした。

電話作戦　電話帳や企業、団体の名簿を用いて投票を呼びかけること。個人情報保護法の施行と携帯電話の普及に伴って積極的に行われることは少なくなったが、体力に自信のない高齢の支援者に依頼できる選挙運動として用いられている。投票日の前日まで投票の呼びかけは可能だが、投票日も「〇〇事務所ですが投票には行かれましたか？」といった依頼ではない言い回しであれば電話をすることが可能。

また、台風接近を見越して、各市町村の選挙管理委員会は二六日から安全対策のため掲示板を掲示板の撤去を決めた。投票日まで日がないため、撤去後の再設置は行わず、そのまま処分されることになったのだ。少ないリソースの中から支援者を集めて各地にポスターを貼った兼島のショックは計り知れない。

佐喜真陣営は集客の頼みの綱であった小泉進次郎の三度目の来沖を二七日に実現させている。この時すでに東京からの航空便の欠航が予想されていたのだが、強引にスケジュールを組んで、一回だけの応援演説を企画したようだ。このことからも、佐喜真陣営が情勢的に追い詰められていたことがわかる。

この選挙では台風の影響を避けるため、離島を中心とした投票所の一部で投票日が繰り上げられた*。玉城・佐喜真両候補の公式SNSアカウントでは避難所の情報を提供したり、状況が悪くなる前に期日前投票に行くように呼びかけたりといった、有権者の生活や安全

投票日が繰り上げられた　この選挙ではうるま市（津堅島）と竹富町全域が九月二七日に、うるま市（浜、比嘉、平安座、桃原、上原、伊計）、今帰仁村（古宇利島）、本部町（瀬底島）が九月二八日に投票日が繰り上げられた。

に関わる情報を発信していた。

一方、もともとSNSなどオンラインを中心とした選挙運動を展開していた渡口・兼島の両候補は台風の中でも変わることなく情報発信を続けていた。特に兼島は選挙運動が認められている投票日前日の日付が変わる前の午後一一時まで、ネット配信で自身の政策を訴え続けていた。

一夜明けて台風が去り、晴天で迎えた投票日当日だったが、当日、決まった時刻に発表される投票率は非常に伸び悩んでおり、各陣営をドギマギさせたが、その理由は明白であった。選挙期間中、玉城、佐喜真両陣営とも期日前投票の呼びかけを強化していた上に、台風の接近に伴って投票日に投票所に足を運べるかどうかが不透明で、非常に多くの人が期日前に投票を済ませていた。

二〇一四年の選挙では有権者数の17・21％が期日前投票を利用したのに対して、二〇一八年の県知事選では実に35・13％、票数で四十万票を超えた。速報値の数字は伸び悩んだものの、最終的な投票率は二〇一四年の64・13％に対して二〇一八年は63・24％と微減したものの、これは過去四年に実施された四七都道府県を比較するとダントツで一位の投票率である（二位は二〇一七年の東京都知事選挙の59・73％、三位は二〇一五年の北海道知事選挙で59・62％。岩手県、山形県、高知県は無投票。無投票県を除く全国平均は43・48％）。

いかに沖縄県知事選挙が盛り上がっているかが良くわかる。

開票の瞬間～主要候補の場合

この選挙の投開票日には、沖縄タイムス、琉球朝日放送、朝日新聞が共同でインターネットで開票特別番組を放送していた。時間まではこの選挙の争点のまとめ、当落ラインとなる票数、投票率の予想などについて記者が解説していた。

午後八時を回ると同時に玉城デニーの当選確実をアナウンスすると同時に、玉城陣営が詰めている那覇市古島の教育福祉会館に映像が切り替わった。会場内は大きくどよめいたものの、バンザイはその場では控えられた。どの選挙でも通常はＮＨＫの発表を待って行われるので、玉城陣営でも同様の対応をしたものと思われる。

その会場の映像でひときわ目立っていたのは一番後ろで振られていた大きな旗だ。青・赤・黄の三色のその旗は、創価学会のシンボル旗であることは見る人が見ればすぐに理解できる。

当然のことながら、創価学会は政府与党である公明党の最大の支持母体であり、今回の選挙では佐喜真陣営を応援していたはずで、その創価学会の一部が玉城の指示に回っている、という事実を端的に示す絵面であった。事実、出口調査でも公明党支持層の約三割が玉城に投票したという数値が示されており、強固な組織選挙を闘った佐喜真陣営にとってはショッキングなものだったに違いない。辺野古新基地建設に関して、公明党本部は容認、公明党沖縄県本部は反対と立場を事にしたままの状況が有権者の離反を招いたと言えるかもしれない。

また、この開票時の候補者の態度として特徴的だったのは、玉城が午後八時から支援者とともに開票速報を見つめていたことだ。

通常の選挙では候補者は別の場所で開票結果を確認し、当落が決まってから登場して、当選していたらバンザイを、落選していたら敗戦の弁を述べる、というのが一般的である。事実、佐喜真は当落が決まるまで姿を表さなかった。しかし玉城はこれまでの選挙運動で見せてきたように、視線を有権者と同じくして、特別な存在ではないことをこの態度をもって演出することに成功していた。

開票の瞬間～兼島・渡口の場合

一方、この開票の瞬間を兼島は那覇市内の居酒屋で支援者とともに迎えていた。テレビはなく、各自のスマートフォンで結果を確認し、自身の落選を知った。

落選が決まると兼島は、その居酒屋から至近距離にある喜納昌吉が経営しているライブバー「チャクラ」の扉を叩いていた。営業が始まる前だったが喜納を呼び出して居酒屋まで連れ出し、語り合ったという。

また、もう一人兼島は話がしたい人物がいた。安里繁信である。実は兼島と安里は面識はなかったものの、陽明高校の先輩後輩にあたる。知り合いから紹介を受け、安里の居場所がわかると喜納を放り出して直行した。会うなり兼島は号泣し「なんであんた選挙に出なかったんだ！」などと感情をぶつけていろいろな話をして最終的にはお互いにハグをしてその日は終わった。兼島はこの時、人生で初めて人前で大泣きしたという。

その翌日、兼島に渡口初美から電話がかかってきた。

開票結果を見ると、兼島は三六三八票、渡口は三四八二票とわずかながら兼島が渡口を上回っていた。それを皮肉り「兼島さんに負けたさ。ポスター貼ってあげなければ良かったね（笑）」「でもお互い頑張ったね」「いつでも遊びにおいでね」と労う言葉がかけられた。

第六章　沖縄県知事選と報道

新聞によるファクトチェック

この選挙で地元新聞二紙とネットメディアは「ファクトチェック」に力を入れていた。二〇一六年のイギリスのＥＵ離脱の是非を問う国民投票や、アメリカの大統領選挙では特定の方向に指示を誘導するためのウソの情報（フェイクニュース）がインターネット上を中心に飛び交った。所在地等がはっきりしているマスメディアからの発信ではなく、インターネット上の匿名の個人または組織からの発信である場合、責任の所在が明らかでなく、ウソの情報が簡単に拡散してしまい、人々の投票行動などに影響を及ぼすことがある。これに対する対抗措置が、よくわからない情報について真偽を確かめて報道する「ファクトチェック」である。アメリカ大統領選挙の際に広く知られるようになり、韓国大統領選挙でも大規模に実施された。

今回、琉球新報社はＮＰＯ法人ファクトチェック・イニシアティブ（ＦＩＪ）が主導するプロジェクト「ＦａｃｔＣｈｅｃｋ　沖縄県知事選２０１８」に参加した。

同プロジェクトでは、ＳＮＳ、主にＴｗｉｔｔｅｒで拡散されている真偽不明な情報を人工知能で自動的に収集し、それを各メディアに提供して、ＦＩＪのサイトで要約を掲載する、という流れで運営されていた。この琉球新報の一連の報道は、日本版ピューリッツァー賞と呼ばれる平和・協同ジャーナリスト基金（ＰＣＪＦ）賞の大賞に選ばれた。

沖縄タイムス社も国際ファクトチェック・ネットワーク（ＩＦＣＮ）の基準に基づいてファクトチェック記事を選挙期間中に掲載していた。

各報道機関は選挙にあたって、主要候補については文字数や写真の大きさなども含めて公平に報道しなければならないという内部規定を持っているため、この取り組みは非常に画期的なものであった。

というのも、この沖縄県知事選挙中に人工知能で吸い出された真偽不明な情報の九割が玉城デニーに対する攻撃的な内容であったので、ファクトチェックをして「玉城候補に非はなかった」ということを報道し続けることが間接的に玉城陣営の有利に繋がってしまう、ということにジレンマが生じていたのだ。そのため琉球新報では候補者の氏名を伏せたままファクトチェックの記事を掲載していたため、少々理解が難しい記事の構成となっていた。

「ＦａｃｔＣｈｅｃｋ　沖縄県知事選２０１８」にはインターネットメディアも数多く

参加しており、選挙期間中、記者を沖縄に送り、複数のファクトチェック記事を掲載していたメディアもある。インターネットメディアにおいてはページの閲覧数が評価の基準となるため、センセーショナルな「フェイクニュース」と比較して、それを検証する「ファクトチェック」の方がどうしても地味になりがちでアクセス数を稼ぐことができない、という問題点もある。アクセス数が伸び悩むことはメディアの広告収入に直結するだけでなく、広がってしまったウソの訂正が多くの人に伝えきれない、という問題を孕んでいるのだ。

また、「ファクトチェック」は、あくまで「チェック」であってウソを暴くことが主眼ではない。時には検証の結果「正しかった」と判断することもあるため、記事のキャッチとしてはどうしても弱いものとなってしまいがちだ。ファクトチェックがなかなか日本のメディアで広がらない理由がここにある。

例えば、公明党の遠山清彦衆議院議員は選挙中、以下のようなツイートをして波紋を呼んだ。

「玉城デニー氏の誇大宣伝がわかりました。彼は、一括交付金制度の中身を決めた平成24年3月13日から19日に4回開催された与野党ＰＴ交渉委員会議にいませんでした。明日、交渉委員会議メンバー9人の国会議員名を公表します。その中に私がいるので、デニーさんの不在は、明らか。デニーさん、ゆくさーです。」

このツイートは366リツイート（二〇一九年一月現在）を記録した一方、琉球新報が取材して遠山議員に「ゆくさー」（うそつき）と表現したのは「少し感情が入って強い表現だったかもしれない」と釈明のコメントをとったとする記事のツイートは128リツイート（同）にとどまった。

ただ、沖縄県知事選挙については争点が明確であり、真偽不明の情報が飛び交いがちであるため、ファクトチェックを普及させる機会であるとして今回は各メディアが力を入れて取り組みを進め、一定の成果をあげたと言っていいのではないだろうか。

そんな激しい情報戦の中、Twitterというメディアで発される兼島や渡口のツイートも、特定の候補や沖縄県内のメディアへの批判につながるものが特に広く拡散されていった。

もちろん兼島・渡口本人としては自分が受けた理不尽な対応をフォロワーに共有する以上の意図はなく、特定のイデオロギーに基づいた発信ではないものの、限られた字数でのツイートを切り取られて「利用」されてしまった、という側面がある。

「泡沫候補」と報道

「泡沫候補」とされてしまった候補者は新聞、テレビなどのメディアでほとんど扱ってもらえない、という不満は候補者本人から度々耳にする。この選挙でも例外ではなく、兼島、渡口両候補は大手メディアの対応に怒りを隠さず、逆に四者を公平に扱った、インターネットメディア「選挙ドットコム」に掲載した筆者の記事には非常に好感を持って受け入れられた。

立候補すると各メディアから「調査票」なるものが手渡され、そこに生年月日や最終学歴、主要政策、主要な論点に対する賛否などを記入して返却することが求められる。学歴に関しては詐称を防ぐために卒業証明書を見せることを求められ、また会社等に所属している場合は勤務先に在籍確認の電話がかけられる。

兼島や渡口のように少ないスタッフで選挙を闘っている陣営にとっては、複数のメディアの調査票に記入するだけでも大変な労力が必要となり、時間も取られる。しかし、実際にメディアで取り上げられるのは「主要候補」と比較して非常に少ないスペース（あるいは時間）だけで、各候補の徒労感は察するに余りある。

特に渡口は「ベーシックインカムの導入」をほとんど唯一の政策として強力に訴えているにも関わらず、告示日の新聞各紙では「ベーシックインカム」の文字は渡口の紹介とともにはなかった。

また、選挙期間中、自動音声で行われた世論調査で「佐喜真淳候補に投票する方は⑦を、玉城デニー候補に投票する方は⑧を、その他の候補に投票する方は⑨を」という調査の仕方をしていたことが両候補の耳に入り、これも候補者を激怒させた。

当落が決まった後の取材に対し、渡口は「報道において非常におろそかな扱いを受けたのでコメントはしない」としている。また兼島については「有権者が玉城デニーさんを選んだ結果なので仕方ないと思っている。僕の考えは入り込めず、力が及ばなかった。デニーさんに頑張ってほしい。」というコメントが掲載されたものの、当人は開票日に新聞社から電話がきた記憶も着信履歴もなく、そのようなコメントはしていない、とする一方、新聞社側も確かに電話をしてコメントを取ったとしている。

この件については両者の話し合いで解決しており、手打ちとなっているようだが、兼島は一連の不公正な扱いに怒り、「俺が、沖縄の新聞を取る事は一生ない。」とＴｗｉｔｔｅ rで宣言している。

「泡沫候補」の扱いについては主要メディアの立場としても難しい判断があるようだ。精神に障害を抱えた人が選挙に立候補する場合も時としてある。そういった候補者が活字にするのに耐えないコメントをしたり、特定の人物や集団に対して攻撃性を持った主張をしたりする場合、メディアとして大きく扱わない、という判断をすることはメディアのみの保身ではなく、候補者本人が必要以上に非難にさらされないための配慮でもあるのだ。

もちろん、同じ供託金を支払って選挙に出ている以上、どんな主張であろうと有権者に対して平等に情報が発信されるべきであるというのは当然の考え方だ。

新聞やテレビでは取り扱いきれない候補者の情報については、候補者本人がインターネットを使って発信することができるようになって久しい。また、インターネットメディアを通じて私のような立場で取材して発信するライターの情報にもぜひ注目してもらいたい。

「選挙ウォッチング」とインターネット

　私自身もこの選挙中、各所で見聞きしたものを実況中継的にＴｗｉｔｔｅｒを使って報告し続けてきた。いわゆる「ライター」としてメディアに寄稿するようになる前から個人的な趣味としてこのようなことをしてきていて、そうした行為を「選挙ウォッチング」と、そして自らを「選挙ウォッチャー」と名乗ってきた。インターネットを探すと少ないなりにも気になる選挙や候補者を追いかけて地方まで遠征に出かけ、集会に出かけたり、候補者やポスターの写真を撮影したり、文章をしたためてブログや同人誌で発表している「選挙ウォッチャー」を見つけることができる。

　「選挙ウォッチャー」の中には無料のブログで文章や写真を発表する人だけでなく、私のようにメディアに寄稿する人もいれば、記事ごとに課金ができるＷｅｂサイトを使用して見せている人もいる。インターネット上では新聞社や出版社が運営しているＷｅｂサイトでも、個人が運営しているブログでも、ＳＮＳに転載されてリンクが貼られれば、読み手には視覚情報として並列に扱われてしまう、という特徴がある。先に述べたような「フェイクニュース」が散りばめられたＷｅｂサイトも、新聞社が発信するニュースも、同じようにＴｗｉｔｔｅｒのタイムラインに並んでしまうのだ。

この選挙でも私だけでなく、何人かの「選挙ウォッチャー」がインターネット上に選挙の取材報告を発表していた。その中のひとつ、「沖縄県知事選2018・キャバクラ3軒ハシゴして知ったこと。」と題された記事が炎上した。

この記事の筆者は日本各地の注目度が高い選挙を取材し、レポートを販売しており、その一部を無料で公開している。炎上を招いたこの記事は、「沖縄の典型的な若者」に話を聞くためキャバクラを三件はしごし、二〇人以上のホステスに開催中の沖縄県知事選挙について話を聞くと、そのほとんどが「玉城デニーが知事になると中国に侵略されるので佐喜真淳を応援する」とこたえたので、「約8割の若者がネトウヨ*に毒されている」と結論づけたものだ。

しかし「約8割」という数字に明確な根拠はなく、ホステスの接客におけるトークをそのまま間に受けていること、「沖縄の典型的な若者」と言いながらホステスにしか取材していないこと、当初は彼女たちの学歴の低さにその原因があることなどとして、左右両方

ネトウヨ　インターネット上で多く見られる極端に「愛国」的で保守勢力に同調的な一方、革新勢力や隣国政府に対して口汚く罵倒する匿名の存在。

の勢力の批判の対象となった。

当人は一部謝罪して当該記事を書き換えたが、この一件で「選挙ウォッチャー」という肩書きは非常に印象の悪いものとなった。以前から選挙の記事を書くにあたって、政治的な立場を明確にして特定の勢力を応援したり、そうでない勢力を批判したりして中立的な観点から状況を分析できておらず、その意味でも毀誉褒貶の激しい人物であったが、今回の炎上ではその悪い部分が露呈した結果となった。

この記事でも玉城陣営を応援する立場で、多くの若者が誤った情報に基づいて佐喜真の支持に回っている、という警鐘を鳴らして陣営の引き締めにひと役買いたい、という意図が強く伝わってくる一方で、「キャバクラのホステス」を引き合いに出し、「沖縄の若者」の問題点を不確かな形で指摘することで、自分の意識の中に内在する沖縄に対する差別的なイメージを露呈させてしまったのだ。

私自身も大学進学以来長く沖縄に関わって、「内地の者が沖縄を語る」時に発生しうる問題について意識的にならざるを得ない場面に何度も直面しており、沖縄の人たちに敬意を持って語るように気をつけているが、それでも残る自分の中の差別意識を思い知らされることが度々あるので、浅はかに書かれた「キャバクラ」の記事が炎上してしまうのはある意味で必然だったのではないだろうか、と感じた。

私はこの沖縄県知事選挙の取材を経て、私にしかできない取材があって、それを伝えてゆく責任を感じるに至ったので、単に「ウォッチ（見る）」するだけでなく、発信してゆく主体として「選挙ウォッチャー」の肩書きを捨てて「選挙ライター」と名乗ることにした。

第七章　選挙後のそれぞれ

玉城デニーと議会運営

辺野古新基地建設に反対の立場を明確にして選挙を闘った玉城デニーが、自公が推薦した佐喜真淳に八万票以上の差をつけて当選したちょうど一ヶ月後にあたる一〇月三〇日、石井啓一国土交通大臣は、翁長前知事が決めた辺野古の埋め立て承認撤回を、防衛省の申し立てに基づいて執行停止したことを発表した。これに対して沖縄県は翌一一月、国交省の対応は違法であるとして国と地方自治体の争いを処理する「国地方係争処理委員会」に申し立てを行ったが、同委員会の初会合が行われた一二月一四日に政府は辺野古新基地建設予定地に土砂の投入を開始した。知事選で新基地建設に反対する県民の民意は示されたものの、辺野古建設をめぐる国との闘いは今後も続いていくものと思われる。

ただ、玉城新知事が抱える課題は新基地建設にかかる政府との交渉だけではなく、足元の県議会運営にもあった。就任後はじめてとなった県議会での代表質問が行われた際、選挙中は明確にしていなかった那覇軍港の浦添移設について問われた際、県の役人にそれを容認する旨の答弁を任せたことを批判され、結果的に玉城知事本人の口から述べるといった逃げ腰の姿勢をあらわにした。また、選挙中は地元に負担を求めないとしていた北部基幹病院の整備について、これまで「市町村の負担もあり得る」としていた県の方針を転換するのか、と問われ一旦は「市町村の応分の負担は必要であると考えている」と答えてしまい早速の公約違反を強く指摘され、のちに「市町村には補助事業の活用を求めて、その際の裏負担は県が負担をする」と訂正するなど、議会運営の不慣れさが目立った。

県議二期、那覇市長を四期務めた翁長前知事と異なり、政治家としては沖縄市議会議員は一期目の途中で辞職、国会議員としては九年の実績があるものの、県議会も首長もはじめての経験となり「攻められる側」の不慣れさが目立っており、今後の課題となっているようだ。

企業に戻った兼島俊

兼島は、休職中に立候補し、会社にマスメディアから問い合わせの電話が殺到したため、会社に迷惑がかからないように退職していた。落選が決まった日に勤務していた会社の社長に「落ちたのでまた雇ってください」とお願いすると、その場で「いいよ」と返事をもらい復職した。投票日の翌朝一〇時から仕事を開始していたという。

営業の仕事をしている兼島は選挙後、取引先から「もしかして選挙に出ていた人じゃないですか？」とよく聞かれるようになり、会話のきっかけとして非常に役に立っているという。また、選挙での経験を話してほしい、という依頼が各所から寄せられ、高校や企業での講演会を実施、失敗を重ねながら夢を追いかけてきた経験談が好評を博しているそうだ。

ベーシックインカム勉強会と渡口初美のその後

渡口初美は選挙の結果に憤慨して、若干プライドを傷つけられたようだが、引き続き元気にレギュラーのラジオ番組をはじめ、料理研究家としての活動を続けている。初美の長男、渡口昇は、この選挙を機に初美が経営する料理研究所「まんがん」の営業部長に就職した。「渡口初美のあんだんすう」のブランドを活かし、ベーシックインカムの理念を目指した、機械を使わない完全に手作りの油みそを売りに、販路を拡大してことに雇用を創出してゆくことにチャレンジし、四年後の沖縄県知事選挙を意識して動きはじめている。

ベーシックインカム勉強会の「ＵＢＩ３０００」は選挙を機に週に一回行なっていた定期的な勉強会を終了して、メンバーそれぞれがその理念を広げてゆくことにした。

佐喜真淳のこれから

佐喜真淳は県知事選挙の直後に行われた那覇市長選挙で、自公が推薦した翁長政俊（落選）の応援をして以降、大きな動きは見せていないが、Ｆａｃｅｂｏｏｋでは宜野湾市内で連日手振りをしている様子や、自民党関係の会合に出席している写真をアップしている。引き続き、別の機会に政治家として復帰するタイミングをうかがっている雰囲気が強く伝わってくる。二〇一九年夏に行われる参議院議員選挙の候補者として自民党から名前が上がったが、知事選からあまり時間が経っていないということで対象から外れたようだ。

あとがき

東京で生まれ育った私にとって、沖縄という土地に対する興味関心は高校の修学旅行で訪れるまで皆無に近かったのが正直なところだ。あまり真面目でない高校生活を送っていた私は、事前学習で琉球処分や沖縄戦の歴史などをしっかり頭に入れることなく読谷のリゾートホテルで友人たちとの時間を楽しみ、観光タクシーで旧海軍司令部壕を回ったり、三線の体験をしたりする中で、なんとなくこんな場所で生活できたらいいな、という印象をもった程度だった。

その後、第一志望の大学に合格できず、三浪を回避するために半ばやけっぱちで琉球大学に願書を提出したのが、沖縄と深く関わりを持つ第一歩だった。約一〇〇人中、県外出身者が一五名しかいないという学科で、主に中部出身の同級生の遠慮のないウチナーグチの洗礼を受けながら、沖縄の歴史や文化を学んでいった。

また、入学式の学長講話が軍用機の音で遮られたり、琉大に入学した二〇〇四年の夏休みに、近隣の沖縄国際大学に米軍機が墜落するという事故が起きたりと、米軍基地の存在を否が応でも意識せざるを得ない環境であることも身をもって感じることができた。そのかたわらで、コザ空港通りの米兵が集まるライブハウスに通い、軍人、軍属らのリアルな姿に接する機会も積極的に作っていた。

そんな具合に、来沖前には特段、場所に思い入れをもっていなかったものの、具体的に人や社会と触れてゆくことで、知識や肌感覚を身につけていった。

それとは別に、お金に余裕のない大学生活を送っていたので、複数の団体でボランティアスタッフをすることで学科の外に友人を作り、交友関係を広げてきた。その中でも、とりわけ今につながっていると感じるのが、県内外の表現者に作品発表の機会を提供するNPO法人前島アートセンターとの出会いだ。沖縄の外からやってきた人が沖縄で（を）表現する際に、本土と沖縄をめぐる歴史的背景や沖縄の人々が抱える複雑な感情を踏まえないで不用意なかたちで取り扱うことでハレーションが生じる場面を数多く見てきた。

それゆえ、本書では「東京に暮らす者」としての私の立ち位置を踏まえた上で、候補者やその支援者、有権者のみなさんに十分に敬意を払った上で、これまで語られることの少なかった選挙のおもしろさや独自の視点を提示しながら、自分なりの論を展開させてもらったつもりではある。しかし、認識の不足や至らない点があればぜひご意見を寄せていただきたい。

◆◆◆

本稿執筆の時点では、二〇一九年二月末に予定されている辺野古新基地建設についての沖縄県民投票の実施をめぐって政治的な駆け引きが予断を許さない状況にある。この先、春には玉城新知事が議席を持っていた衆議院沖縄三区の補欠選挙が、夏には参議院議員選挙が予定されているなどシビアな選択が迫られることになるが、こうした動きに対して今まで興味を持てていなかった有権者のみなさんが、政治的イシューそのものよりも、選挙自体やそれを取り巻く人間模様のおもしろさを知ることで関心を向ける第一歩に本書がなれば幸甚の至りである。

一方で、沖縄県政と国政の対立構造が膠着している様子を見るにつけ、私たち本土に暮らす者こそが真剣に議論を深めて国政を動かす責任を強く感じるが、残念ながら東京に暮らす私の周りには沖縄をめぐるさまざまな問題について興味を持ってニュースを追いかけている人はあまり多くはない。そんな人々にとっても、沖縄をめぐる問題に限らず、選挙そのものを考えるきっかけにも一役買うことを心から祈っている。

◆　◆　◆

本書の執筆にあたってメインとなる現地取材の機会を提供してくださったクラウドファンディング支援者のみなさん、取材に応じてくださった候補者、選挙関係者の皆さん、「選挙ドットコム」編集のみなさん、定職を離れてあたった二ヶ月間の執筆活動を支えてくれた家族・友人のみなさん、今回の出版にご尽力くださった一柳亮太さん、ボーダーインク編集の喜納えりかさんに心から感謝します。

あとがき

参考文献

『日本インディーズ候補列伝』大川豊著　扶桑社　二〇〇七年
『黙殺　報じられない〝無頼系独立候補〟たちの戦い』畠山理仁著　集英社　二〇一七年
『再臨のキリスト、唯一神又吉イエスは日本・世界をどうするのか　どのようにするか』
　唯一神 又吉イエス著 那覇出版社 二〇〇三年
『週刊ポスト』「幸福実現党を離党の大江康弘議員「天上界の声」が理解できず」
　二〇一一年一月二八日号
『琉球料理と御火の神様』渡口初美著　国際料理学院　一九八三年
『ファクトチェックとは何か』立岩陽一郎、楊井人文著　岩波書店　二〇一八年

宮原　ジェフリー（みやはら・じぇふりー）

1983年東京都生まれ。琉球大学法文学部人間科学科卒業後、那覇市のNPO法人前島アートセンター事務局、武蔵野美術大学美術館職員、実践女子大学人間社会学部助手などを経てフリーランスキュレーターとして活動するかたわら、Webメディア「選挙ドットコム」のライターとして選挙の情勢分析記事や選挙制度に関する記事などを寄稿している。
特に大手メディアでは取り上げられることが少ない候補者や政治団体の取材・執筆を得意とする。

ボーダー新書 18
沖縄〈泡沫候補〉バトルロイヤル
2019年2月24日　初版第一刷発行

著　者　　宮原　ジェフリー
発行者　　池宮　紀子
発行所　　（有）ボーダーインク
〒902-0076　沖縄県那覇市与儀 226-3
tel.098-835-2777　fax.098-835-2840
印　刷　　株式会社　近代美術

ISBN978-4-89982-359-9 C0231
定価（本体 1,200 円＋税）